大教育书馆
ESSENTIAL EDUCATION SERIES

美　　育

怎么看？怎么办？

——美育经典选读

杨斌 选编

江蘇鳳凰教育出版社
Phoenix Education Publishing, Ltd

目录

第三辑　叩响现代之门（上）

第四辑　叩响现代之门（下）

第五辑　嬗变与升华

代序:美育关系到怎样去追求和建构人生

李泽厚

说明:经李泽厚先生同意,选择其若干论美育文字作为本书代序。因李泽厚先生正在病中,下列文字由我所选,未经先生本人审阅。特此说明并向李先生致谢!

——杨斌

一

美育的范围非常广,可以有广义、狭义两种解释。

从广义看,美育不简单地是一个艺术教育问题,它是指一个人在人生境界所达到的最高水准。它是某种新感性的建立。所谓新感性,包含深刻的理性,它是一种渗透理性达到的超理性,它把一个人的社会性的东西同生理性的东西融合在心理中。这就不仅仅是道德、功利的境界。它不完全脱离道德境界,但比之更高一层;它也不完全脱离功利,它又是超功利的。在这个意义上,美育就关系到每一个人,关系到每一个人怎样去追求和建构自己的人生,不仅是追求灵魂的完美,而且是超过这种完美的"天人合一"。这里面似乎有某种神秘味道和目的性的东西,今天不能细讲了。总之正因为这样,美育才可以代替宗教。所谓狭义的美育,主要指艺术教育。艺术教育对人的心灵、行为、语言等各方面都有深刻的影响,而且就在数学教育中,也有美学规律问题。掌握、运用这些规律,对开发、促进智力发展,特别是青少年智力发展也极有好处。

无论广义或狭义的美育,理论方面的研究需要大大加强,现在的确是太单薄了。只有在理论上把有关诸问题研究清楚,才能够真正有效地指导实践,把美育工作全面地深入地开展下去。美育工作的事业是大有可为的，随着社会的进步、发展，这一点也会愈来愈明显地表现出来。

二

所谓秩序感也就是我以前讲过的形式感（the sense of form）。杜威说“自然节奏与自然规律是同义词”，举出了四季循环、昼夜更替、潮起潮落、月缺月圆、呼吸循环、心脏跳动等等一大堆自然、生命、人事、环境之间的各种“节奏”，以及重轻、大小、动静、推拉、胀缩、升降等等规律。这都是形式感或秩序感。杜威讲小孩由动物式的play转到人的game，就是因为后者有一定的秩序、规则，在其中寻求各种变化觉得更好玩更有趣，它也更激发和培育小孩的心智能力。这与我所讲的“理性内构”的第三形式约略相当。它的特点是与“理性融化”（审美）联系在一起。它使游戏的动物本能和游戏中的动物性的情感加进了理性的控制和规范，而形成人所特有的情理结构。人的各类游戏都有其规则，也就是秩序。诗文书画亦然。今天人们仍多愿作曾被讥为“戴着镣铐跳舞”的七律而不作自由体白话诗，觉得前者更有兴味，大概也是如此。所以，秩序感虽是“感”，却已经有理知和概念渗入融化于其中。“理”在这里是渗透和融化，不同于前面所说逻辑—数学形式和观念—范畴形式的“理性内构”的理知认识。

三

秩序感从最基础的方面说，不是冷热、软硬、干湿、锐钝、重轻之类动物也有的感官知觉，而是在使用—制造工具的这种超生物肢体的动作活动中的所感知、领悟并进而掌握、提炼和反复练习成为操作的次序、先后、均衡、对称、节奏、韵律等等。这就是“实践中的理性”。它作为某种形式因，掌握和推动质料因，成为“度”的具体实现，而不断前行，丰富自身，并保存在语言中，成为人所特有的语义，保存在情感中，成为人所特有的秩序和结构，这就是超生物的人类语言和人类心理。在儿童教育中，儿歌中音响节奏的重复、故事内容的重复，等等，便都在建立人性中的理性秩序，这也就是文化心理结构（cultural-psychology formation）或情理结构（emotio-national structure）。

Formation 突出具体的动态形成，structure 突出抽象的共有形式。奠基于操作，节奏甚至可成为人的视觉空间的秩序(可参阅 E. H. Gombrich)，在这秩序中，情理交会、渗透、融合，成为超生物的感知，进而产生超生物的情感、想象和理解。

……

"度"既是不长不短不多不少，恰如其分地把握创造，当然与"以美启真"相关。"以美启真"是逻辑思维之前，或与逻辑思维相伴随的某种感受或领悟。它是感性的，但在感性特殊中求普遍。这种作为反思判断力的审美，可以帮助从普遍定特殊的决定判断力，由启真而得真。得真，便需要逻辑和数学。有如维特根斯坦所说，数学是人类的发明而非发现，是人所发明的一种思维规范的技术体系，有如物质活动中的工具一样。也有如贡布里希所说，"人类的技巧比我们自然环境表现出更多的规则"(《秩序感》)。它使人不断去发明真理。

四

趁此机会，我再谈点对美育的看法。有两点很重要，一是形式感，一是敬畏感。现在好像不大注意这两点，其实这正是美育所要培养的。首先是形式感，所谓形式感是很具体的均衡、对称、比例、节奏所形成的秩序感、韵律感、和谐感、单纯感等等。它们从劳动所感受到自然静观到创造发明，是具有多层次多种类、既广大又深刻的情感体验和感受，包括前面讲的"天人合一""协同共在"在内。它们远远不止在艺术中，要对它们有感受力；并进而培养对宇宙存在的敬畏感，用这种敬畏代替宗教对神的敬畏，这都属于"情本体"的范围。我们前面不是说到爱因斯坦，说他的科学发现源于感觉、直觉和自由想象吗？其实爱因斯坦就是出于敬畏和好奇，他信仰的神实际就是整个宇宙，就是宇宙合规律的这种运转，所以他才会着迷地探寻那最大最高的"形式感"。美育要培养对一般形式感的领会、把握，同时要培养对天地、宇宙、自然这个大"形式"的信仰。这两方面的关系又是如何，需要好好研究。如果美育搞得好，达到一个高层次，也就不需要再去依靠什么上帝或者神了。这个问题很深奥，这里提一下。总之，"情本体"讲的不仅是人情，远不止于"人伦日常之用"的情，而且也包括这种对宇宙天地的敬畏之情。音乐的哲理性，石涛讲的"一画"，中国讲的"天道"，都与此有关。

以上文字依次选自《走我自己的路》，第362页，安徽文艺出版社1994年1月版；《人类学历史本体论》，第311—315页，青岛出版社2016年版；《由巫到礼　释礼归仁》，第234—236页，生活·读书·新知三联书店2015年1月版；《该中国哲学登场了？—李泽厚2010年谈话录》，第122—123页，上海译文出版社2011年版。

导　言

一

美育不同于美育思想，如同美学不同于美学思想一样。

美学作为一门独立科学，始于1750年鲍姆嘉通的著作《美学》出版，鲍姆嘉通因此被称作“美学之父”。首次提出美育概念的人，是席勒，他于1795年发表了《美育书简》，对美育的性质、特点及其社会作用作了系统的阐述和分析，该书也因此被称为“第一部美育的宣言书”。如同美学，美育形成独立的思想体系，也是近代社会的产物。

然而，美育作为一种思想，其源头却要追溯很远很远。在西方，古希腊罗马时期“美在和谐”是美育思想的光辉开端；在我国，从先秦时期就有“诗教”“乐教”的优良传统。在教育活动中关注审美，用优美的艺术滋养心灵，这一美育思想是和人类思想的文明曙光同时出现的。巧合的是时间。卡尔·雅思贝尔斯在《历史的起源与目标》一书中，把公元前500年前后同时出现在中国、西方和印度等地区的人类文化突破现象称之为“轴心时代”，东方和西方都出现了自己的思想大师。那是一个人类理性获得重大突破的历史时期。

因此，对美的追求，对美育意义的认识，可以看作人类精神发展史上一次伟大的觉醒，是人类从混沌走向理性，由蒙昧童年进入青春少年的一个显著标志。

本书的追溯，就从聆听那些古老而遥远的智者声音开始。

二

如果说，人类在进化的途程中蹒跚了多少万年，忽然在差不多同时猛然觉醒，惊讶地发现了美，发现了美在教育生活中的意义，从而迈开了文明进化史上的一个大步；那么，再一次的觉醒和飞跃，主题则是人的发现，人的价值、命运和人生意义的重新确认。

在西方，是文艺复兴，人的解放这一思想解放运动狂飙突进，以“人权”反对“神权”，以“人性”对抗“神性”，高扬人文主义旗帜，为近代美学、美育思想的发育成熟“提供了历史前提，打下了基础”①；在中国，则表现为魏晋风度，表现为“文的自觉”和“人的主题”，“它实质上标志着一种人的觉醒，即在怀疑和否定旧有传统标准和信仰价值的条件下，人对自己生命、意义、命运的重新发现、思索、把握和追求”②。美，和人对自身价值的发现密切相关。众所周知，这一次，东方和西方拉开了差距。西方美育思想累积了丰富的成果，大师辈出，特别是近代美育把个性的自由解放，融入促进人的全面发展的历史进程，美育话语在教育生活中获得了突出的地位。而在中国，虽然文学艺术这些美育实践门类也取得了堪称辉煌的成绩，但是，以人为中心的思想解放洪流却一波三折，美育思想花果飘零，个性的压抑和人的缺席成为封建教育的最大痛楚。这条重要的思想线索，直到二十世纪初叶，随着西学东渐，才由王国维、蔡元培等重新拾起，奔走呼号而风气渐开。

美育的荣枯，即教育的差距，其实也正是历史行程的缩影。

三

因为，审美思想“其实正是与现代性问题纠结在一起的”，“‘美学’不是一门文艺学学问(甚至不是一门哲学的分支学科)，而是身临现代型社会困境时的一种生存态度”③。审美，从来就不是单纯的文艺问题。美育的缺失，即现代性的缺失；美育在教育场中姗姗来迟，即教育的现代化之门尚未被叩响。

中国这艘现代化航船，于 1840 年被坚船利炮打开国门之后起锚，一路惊涛汹涌，激流险滩，直至二十世纪八十年代改革开放才出现乘长风破万里浪的良好势头。教育现代化和社会现代化同步，美育的命运也必然如此。我国对美育的真正重视是在改革开放之后，特别是 1999 年 6 月正式将美育纳入教育方针，标志着我国美育事业

① 陈育德:《西方美育思想简史》，第 3 页，安徽教育出版社，1998 年 12 月版。
② 李泽厚:《美的历程》，第 93 页，生活·读书·新知三联书店，2009 年 7 月版。
③ 刘小枫:《现代性中的审美精神——经典美学文选》，第 1 页，学林出版社，1997 年 12 月版。

开始得到国家层面的高度重视，从而进入一个新的发展阶段①。

然而，历史常常在二律背反的两难局面中前行。

时代急切地呼唤美育，实践层面的美育却十分尴尬。一方面，我们在努力追赶现代化步伐，不断提升教育现代性品质；另一方面，却又不得不因袭着沉重的传统负担，行走在教育现代性和封建性的交错纠缠之中。从前一方面而言，亟须大力加强美育，把德智体美劳五育结合起来，以培养精神解放、人格健全、身心和谐、创造意识和创新精神丰沛的一代新人；而在后一方面，现代化给人们带来巨大的物质福利的同时，也给人们带来了同样巨大的生存压力，这一特定的社会阶段性特征极大压缩了美育的空间，智育至上、应试第一让美育课程和活动成了当下教育最大的奢侈品，望“美”兴叹，触目惊心，比比而然。美育的匮乏，就是教育现代性的匮乏；而教育现代性的匮乏，则极大降低了教育的品质。

因之，教育现代性的脚步，似乎要比社会现代化的脚步慢了许多。从某种意义上说，我们的教育在很大程度上仍处于前现代阶段。而令人错愕的是，还有些人甚至常常忽略了教育的现代性品质，而直接把教育装备、技术现代化等同于教育现代化。真乃相去不可以道里计了！

也许，你可以理解这就是本书最直接的编写缘由；当然，其实远不止于此。

四

如果说，在现代化转型的历史进程中，美育是教育现代性的一种尺度的话，那么，当现代化水平高度发达，尤其是到了所谓“后现代”时期，美育便成为对教育的一种救赎和补偿。

预言这个秘密的首先是马克思。马克思主义揭示了资本社会必然存在人与机器的矛盾：人成为机器的奴隶，“异化劳动”必然导致人的片面发展。而弥合这一裂痕的路径，除了制度性变革，便是让审美教育与生产劳动、社会实践相结合，真正“按照美

① 1999年6月13日，《中共中央国务院关于深化教育改革　全面推进素质教育的决定》文件发表，指出：“实施素质教育，就是要全面贯彻党的教育方针……造就‘有理想、有道德、有文化、有纪律’的德、智、体、美等全面发展的社会主义事业的建设者和接班人。”同月，全国教育工作会议正式将美育列入国家教育方针。

的规律”塑造全面发展的新人。在此意义上，美正是一切异化的对立物。人，只有在真正自由的创造性的劳动中，才是美的。马克思主义从历史唯物主义的立场真正深刻地揭示了美和审美的秘密，也极大拓展和深刻揭示了美育的境界。在马克思之前，虽然人们也已经提出美育的核心是人的自由问题，理想的人性应该是感性和理性的统一。但，其中无法实现的秘密，只有到了马克思那里，才真正揭示清楚。

于是，按照马克思主义的理论观照教育，美育便有了更高更深更为丰富的内涵。教育，必须走德智体美劳全面发展的道路，而且，德智体美劳不是互不联系、可以截然分开甚至割裂开来的单一活动，而是可以也应该互相融合、互相促进、互相补充，成为你中有我我中有你的一个有机整体。美是一种尺度，一种自由、和谐、创造的尺度。用这把共同的尺子去衡量教育活动，德育不再是空洞的口号和说教，而是凸显人的主体地位，着眼于培养健全人格、自由心灵的“人”的精神塑造工程；体育不再是机械的动作训练，而是服从服务于健美体魄、强健精神的塑造；劳动的过程，便是放松身心、学习创造和掌握工艺规律的过程。用这把尺子去衡量教学，教学便成了艺术，教学劳动成了艺术创造活动，美育不仅限于艺术教育，审美活动应该拓展至所有学科教学之中，美育方法也由单纯“以美育人”升华为“立美育人”。于是，教育学嬗变成为教育美学——让一切教育教学活动过程成为“立美育人”的过程。教育美学，属于未来也属于当下的教育学；融会熔铸了美育精神的教育学，让教育生活走向教育之美的教育学，就是教育美学①。

若此，美育，不再是教育的“婢女”和附庸，而是对教育的救赎和补偿。虽然，这似乎只是一种理想的境界，但是，教育原本就是理想的事业，而且这是可以无限接近于实现的理想境界。

五

古今中外，美育大家如星汉灿烂，美育著作如浩瀚烟海。本书权衡之标准，遴选之依据，以及选编过程中的种种考虑思量，也需要在此作一简单说明。

1. 普及性。本书以广大中小学(幼儿)一线教师、师范院校学生以及各艺术门类

---

① 杨斌：《教育美学的回归与重建》，《美育学刊》2012 年第 4 期；《李泽厚对教育美学的开创性贡献及其现实意义》，《江苏教育研究》(A)2017 年第 6 期。

工作者为主要读者对象，兼顾有研究兴趣的美育理论爱好者，因此，选文力求通俗易懂，以普及性、可操作性为首选原则。为此，许多文章在不损害原著精神前提下，做了必要的节选，力避艰涩枯燥的理论推演。

2. 经典性。美育著述林林总总，难免精芜杂陈，本书遴选作者和篇目时，爬梳剔抉，参互考寻，力求精选中外名家有代表性的美育话语，注重经典性、权威性，对于同一篇目的不同译作，也力求采用出自名家手笔的译作。

3. 学术性。中国古代文论中有一种重要的文论体式叫编选体，编选其实寄寓着编者的观点和主张。本书汲取美育研究前沿成果，将美育范围由艺术教育拓展至所有学科，将美育方法由“以美育人”掘进至“立美育人”，将广义的美育升华为教育美学，毋宁说，这代表了编者的一种学术理解与判断。

抱持如此标的，本书的编选走走停停，磕磕绊绊，几易其稿，历时多年，但离预期目标尚有不小距离。这一方面因为编者水平所限，另一方面也因为这一课题的确十分复杂，美学作为独立学科还远未成熟，在美育问题上众说纷纭、莫衷一是也并不奇怪。本书且作引玉之砖，为美育建设工作尽一份绵薄之力。

1912 年，时任教育总长的蔡元培，登高而呼，极力倡导，终将美育写进了政府教育方针，为中国教育吹进一股清新的风；在历经一个世纪的风风雨雨、曲曲折折之后，美育又一次被确定为政府教育方针。历史好像绕了一个圆圈。当然，这是一个螺旋式上升的圆圈。历史老人步履蹒跚，但终究在执着前行。今天的中国教育与一百年前相比，已不可同日而语。现代化大潮汹涌澎湃，社会强烈召唤创新人才，时代不断向教育提出新的挑战，教育，从来没有像今天这样亟待加强美育。美育，任重而道远。如果再从人类发展的视角放眼远望，正是在二十世纪前夜，尼采发出“上帝死了”这一惊心动魄的灵魂呐喊，表现出对未来人类命运的高度关注和焦虑，一百多年来，哲学家不断试图回答现代化浪潮下人类灵魂漂泊精神无根的问题，前途渺茫，家园何在？虽然答案不一，但“以美育代宗教”却愈益成为最强之音！当然，这已超出本文的讨论范围了。

舛误之处，欢迎读者诸君批评赐教。不胜感激！

是为序。

杨斌

2020 年 2 月

第一辑

遥远的星空

身体美是各部分之间的对称和适当的比例

【希腊】毕达哥拉斯

【阅读提示】

毕达哥拉斯(约前580—约前500),哲学家。由他和他的门徒组成毕达哥拉斯学派。他们都是数学家、天文学家和物理学家,把数学引入哲学和艺术领域,认为数是宇宙万物的本源,整个宇宙就是由数和数的关系构成的和谐系统。毕达哥拉斯学派提出的“美是和谐与比例”观点对后世有很大影响。

(认识的)方法正是这样。要学会在一切种类动物以及其他事物中很轻便的就认出中心,这不能凭仗初次接触,而是要经过极勤奋的工夫,长久的经验以及对于一切细节的广泛的知识。对于雕塑家、雕刻家、写生画家以及凡是按照每一种类事物去刻、塑或画出最美的形象的人来说,情形至少是如此。例如就人或马、牛或狮作出最美的形象,都要注意每一种类的中心,人们都称赞波里克勒特的叫做“法规”的论文(所以称为“法规”是因为它定出事物各部分之间的精确的比例对称),(库里什普)在早先提到的那一段话里关于这一点也说得很清楚,他说,健康的身体是由于体内寒热湿燥的平衡。这些显然都是身体的因素。至于美,依他看,却不在各因素之间的平衡,而在各部分之间的对称——例如各指之间,指与手的筋骨之间,手与肘之间,总之,一切部分之间都要见出适当的比例,像在波里克勒特的“法规”里所定的。在这部著作里,他把身体方面的一切比例对称都指点出来,因而证明了他的学说……实际上按照许多医学家和哲学家的学说,身体美确实在于各部分之间的比例对称。

转引自《西方美学家论美和美感》,朱光潜译,商务印书馆1982年版

美在于和谐

【希腊】赫拉克利特

【阅读提示】

赫拉克利特(约前530—前470),哲学家。主张火为万物之源,世界常在流动之中。他有一句名言:“人不能两次走下同一条河流。”他虽然接受毕达哥拉斯“美在和谐”的看法,但赋予新的解释和内涵,认为和谐不是由抽象的数决定,而是产生于对立面的斗争与统一。这一朴素的辩证法思想,有助于扩大人的审美视野、发展人的审美能力。

互相排斥的东西结合在一起,不同的音调造成最美的和谐;一切都是斗争所产生的。

……

自然是由联合对立物造成最初的和谐,而不是由联合同类的东西。艺术也是这样造成和谐的,显然是由于模仿自然。绘画在画面上混合着白色和黑色、黄色和红色的部分,从而造成与原物相似的形相。音乐混合不同音调的高音和低音、长音和短音,从而造成一个和谐的曲调。书法是混合元音和辅音,从而构成整个这种艺术。

……

他们不了解如何相反者相成:对立造成和谐,如弓与六弦琴。

看不见的和谐比看得见的和谐更好。

选自《古希腊罗马哲学》,三联书店1957年版

理想国

——统治者的文学音乐教育

【希腊】柏拉图

【阅读提示】

柏拉图(前427—前347),哲学家。柏拉图和老师苏格拉底,学生亚里士多德并称为希腊三贤。柏拉图著述涉及哲学、政治、教育、美学等内容,认为艺术具有强烈的感染力量,美对人的心灵可以产生很大影响。因此,审美活动和艺术教育在他设计的"理想国"教育方案中占有相当重要的位置。

苏　……乐调之后就是节奏。节奏也应该服从同样的规律,不应该求繁复,不应该有许多音节。我们须找出哪些节奏可以表现勇敢和聪慧的生活。找到之后,我们就使音节和乐调配合歌词,来表现这种生活,但是不能使歌词迁就音节和乐调。哪些才是这样节奏,只好请你告诉我们,如同你刚才告诉我们乐调一样。

格　可是我没有这个能力。我只知道节奏共分三种,各种音节都是由这三种组成的,正如音有四种,各种乐调都由这四种音组成的一样。至于哪一种节奏摹仿哪一种生活,我却不知道。

苏　那么,我们就要请教达蒙,问他哪种音节宜于表现卑鄙,傲慢,疯狂以及其他毛病,哪种音节宜于表现相反的品质。我仿佛听见他谈到节奏时,用些"战争气的","复合的","长格短格"或"英雄格"之类字样。他用一种我不懂得的方法来安排这些音节,使节奏的起伏随着音节的长短;我好像记得他把一种音节叫做"短长格",另一种叫做"长短格",拿音的长短来定节奏。有时他批评好坏,顾到每一音节的快慢,也顾到全章的节奏,也许是根据这两种效果的混合。我懂得不很清楚。不过我已经说过,这类问题要请教达蒙,要解决它们很要费些讨论,是不是?

格　是的。

苏　有一点你总可以决定，美与不美要看节奏的好坏。

格　当然。

苏　节奏的好坏要看语文风格的好坏，正如音乐的好坏要看歌词的好坏一样，我们已经说过，应该使节奏和乐调符合歌词，不应该使歌词迁就节奏和乐调。

格　我们是这样说过。

苏　语文风格本身怎样呢？它是否要看心灵的性格？

格　当然。

苏　其余一切都要看语文风格？

格　是。

苏　所以语文的美，乐调的美，以及节奏的美，都表现好性情。所谓“好性情”并不是我们通常拿来恭维愚笨人的那个意思，而是心灵真正尽善尽美。

格　你说的顶对。

苏　如果我们要年轻人能尽他们的责任，不应该让他们追求这些好品质么？

格　那是一定的。

苏　图画和一切类似艺术都表现这些好品质，纺织，刺绣，建筑以及一切器具的制作，乃至于动植物的形体也都是如此。这一切都各有美与不美的分别。不美，节奏坏，不和谐，都由于语文坏和性情坏；美，节奏好，和谐，都由于心灵的聪慧和善良。

格　这是千真万确的。

苏　我们是否只监督诗人们，强迫他们在诗里只描写善的东西和美的东西的影像，否则就不准他们在我们的城邦里做诗呢？还是同时也要监督其他艺术家们，不准他们在生物图画，建筑物以及任何制作品之中，摹仿罪恶、放荡、卑鄙和淫秽，如果犯禁，也就不准他们在我们的城邦里行业呢？我们不是要防止我们的保卫者们在丑恶事物的影像中培养起来，有如牛羊在污秽的草原中培养起来一样，天天在那里咀嚼毒草，以致日久不知不觉地把四围许多坏影响都铭刻到心灵的深处吗？我们不是应该寻找一些有本领的艺术家，把自然的优美方面描绘出来，使我们的青年们像住在风和日暖的地带一样，四围一切都对健康有益，天天耳濡目染于优美的作品，像从一种清幽境界呼吸一阵清风，来呼吸它们的好影响，使他们不知不觉地从小就培养起对于美的爱好，并且培养起融美于心灵的习惯吗？

格　是的，没有哪种教育方式能比你所说的更好。

苏　格罗康，音乐教育比起其他教育都重要得多，是不是为这些理由？头一层，节奏与乐调有最强烈的力量浸入心灵的最深处，如果教育的方式适合，它们就会拿美来浸润心灵，使它也就因而美化；如果没有这种适合的教育，心灵也就因而丑化。其次，受过这种良好的音乐教育的人可以很敏捷地看出一切艺术作品和自然界事物的丑陋，很正确地加以厌恶；但是一看到美的东西，他就会赞赏它们，很快乐地把它们吸收到心灵里，作为滋养，因此自己性格也变成高尚优美。他从理智还没有发达的幼年时期，对于美丑就有这样正确的好恶，到了理智发达之后，他就亲密地接近理智，把她当作一个老朋友看待，因为他的过去音乐教育已经让他和她很熟悉了。

格　音乐教育确实有这些功用。

苏　正如学习阅读语文，认识了数目很少的字母，看它们散在不同的字句里都能辨别出来，不管字体大小，都不能忽视它们，而要到处都很热心地把它们认识得清清楚楚，心里明白没有做到这步工夫，就不能算是识字；到了这步工夫，我们在阅读方面就算学得很好了。

格　的确。

苏　我们先要学会认识那些字母本身，然后才能认识它们投在水里或镜子里的影像，因为所需要的能力和训练是一样的。

格　当然。

苏　老天爷，音乐教育不是一样道理么？我们自己和我们所要教育的保卫者们都不能算懂音乐，除非我们认识了节制，勇敢，宽宏，高远之类品质的形相以及和它们相反的品质的形相，无论它们散在什么地方，无论是它们本体或是它们的影像，一眼看到，就能辨别出来；无论它们表现在大处或是表现在小处，都不能忽视它们，心里明白辨别本体和影像所需要的能力和训练是一样的。

格　的确。

苏　对于有眼睛能看的人来说，最美的境界是不是心灵的优美与身体的优美谐和一致，融成一个整体？

格　那当然是最美的。

苏　最美的是否也就是最可爱的？

格　当然。

苏　那么，真正懂音乐的人就会热烈地钟爱这样心身谐和的人们，不爱没有这种谐和的人们。

格　不错，爱人至少在心灵方面没有欠缺，如果只是身体的欠缺，那还不失其为可爱。

苏　我明白你说这话的意思，因为你现在或过去有这样一个爱人，我也不怪你。但是请问你一句，过度快感和节制是否相容？

格　那怎么能相容呢！过度快感可以扰乱心智，正如过度痛感一样。

苏　过度快感和其他品德能否相容呢？

格　当然不能。

苏　和骄纵淫荡也许相容吧？

格　它们倒是相容。

苏　有没有一种快感比性欲快感更过度，更强烈呢？

格　没有，没有比它更疯狂的。

苏　但是真正的爱只是用有节制的音乐的精神去爱凡是美的和有秩序的，是不是？

格　是。

选自《柏拉图文艺对话集》，朱光潜译，商务印书馆 2013 年版

音乐的净化作用与快感

【希腊】亚里士多德

【阅读提示】

亚里士多德(前384—前322),哲学家。亚里士多德是柏拉图的门徒。他尊敬自己的老师,但也讲过一句名言:“吾爱吾师,吾更爱真理。”他对柏拉图的学说有继承,也有批判,其美育思想表现出鲜明的人文主义时代精神。他认为艺术是对自然的真实摹仿,艺术有教育、净化和精神享受等多方面功能,主张通过美育培养身心和谐全面发展的人。亚里士多德是提出德、智、体、美全面发展思想的第一人。

消遣是为着休息,休息当然是愉快的,因为它可以消除劳苦工作所产生的困倦。精神方面的享受是大家公认为不仅含有美的因素,而且含有愉快的因素,幸福正在于这两个因素的结合,人们都承认音乐是一种最愉快的东西,无论是否伴着歌词。缪苏斯说得好,“对凡人来说最快乐的事是歌唱”,人们聚会娱乐时,总是要弄音乐,这是很有道理的,它的确使人心畅神怡。

……

我们赞成某些哲学家对乐调所作的区分,即把它们分为三种:伦理的乐调、实践或行动的乐调以及狂热的乐调。这些乐调像他们所说的,各有一种特质。但是我们还要说,音乐应该学习,并不只是为着某一个目的,而是同时为着几个目的,那就是(1) 教育(2) 净化(关于净化这一词的含义,我们在这里只约略提及,将来在诗学里还要详细说明)(3) 精神享受,也就是紧张劳动后的安静和休息。从此可知,各种和谐的乐调虽然各有用处,但是特殊的目的宜用特殊的乐调。要达到教育的目的,就应选用伦理的乐调,但是在集会中听旁人演奏时,我们就宜听听行动的乐调和激昂的乐调。

因为像哀怜和恐惧或是狂热之类情绪虽然只在一部分人心里是很强烈的，一般人也多少有一些。有些人在受宗教狂热支配时，一听到宗教的乐调，卷入狂迷状态，随后就安静下来，仿佛受到了一种治疗和净化。这种情形当然也适用于受哀怜恐惧以及其他类似情绪影响的人。某些人特别容易受某种情绪的影响，他们也可以在不同程度上受到音乐的激动，受到净化，因而心里感到一种轻松舒畅的快感。因此，具有净化作用的歌曲可以产生一种无害的快感。所以各种乐调演奏者在剧场进行比赛时都应该演奏。

转引自《西方美学家论美和美感》，朱光潜译，商务印书馆 1982 年版

兴观群怨

《论语》

【阅读提示】

孔子(前551—前479),教育家。孔子是儒家学派创始人,其美育思想主张礼乐教化,从政治教化、道德培养角度看待艺术,对诗、乐、舞等艺术门类和文、美、乐等美学范畴在人格修养中的重要作用都有论述,奠定了儒家美育思想的基础。“兴、观、群、怨”一直成为中国传统文艺批评的原则,主张温柔敦厚,怨而不怒,是优点也是缺点。

子曰:“小子何莫学夫诗?诗,可以兴,可以观,可以群,可以怨。迩之事父,远之事君;多识于鸟兽草木之名。”

选自《论语·阳货第十七》

【译文】

孔子说:“年轻人为什么不学习《诗经》?诗可以启发思想,可以观察事物,可以会合群体,可以表达哀怨。近用来侍奉父亲,远用来侍奉国君,还可以认识和记忆许多动物植物的名称。”

君子之音

《孔子家语》

【阅读提示】

《孔子家语》一书最早著录于《汉书·艺文志》，孔子门人所撰。是一部重要的记录了孔子及孔门弟子思想言行的著作。孔子精于音乐，会作曲，以诗书礼乐授徒，且有很高的鉴赏眼光。曾“闻《韶》乐，学之，三月不知肉味”。孔子主张礼乐教化，为政以德，既讲道理又动之以情，主张学习“温柔中和”的君子之音，以“养生育之气”而兴“治平之风”。

子路鼓琴，孔子闻之，谓冉有曰：“甚矣！由之不才也。夫先王之制音也，奏中声以为节，入于南不归于北。夫南者生育之乡，北者杀伐之城，故君子之音温柔居中，以养生育之气。忧愁之感，不加于心也；暴厉之动，不在于体也。夫然者，乃所谓治安之风也。小人之音则不然，亢丽微末，以象杀伐之气；中和之感，不载于心；温和之动，不存于体。夫然者，乃所以为乱之风。昔者，舜弹五弦之琴，造《南风》之诗，其诗曰：‘南风之薰兮，可以解吾民之愠兮，南风之时兮，可以阜吾民之财兮。’惟修此化，故其兴也勃然。德如泉流，至于今王公大人述而弗忘。殷纣好为北鄙之声，其废也忽然，至于今王公大人举以为诫。夫舜起布衣，积德含和，而终以帝。纣为天子，荒淫暴乱，而终以亡。非各所修之致乎？……”

选自《孔子家语·辩乐》

【译文】

子路在弹琴，孔子听到以后对冉有说："真是很严重啊！仲由的琴弹得很不好啊。先王创制音乐，并用中和之音作为节制，融入温和的南方感觉，不致有阴冷的北方之感。像那南方，正是适合万物生长发育的地方；北方则是阴冷肃杀的战乱之地。所以，君子弹奏的音乐，温顺和柔，节奏适中，能够滋养生育之气，心中不会产生忧愁的感觉，身体也不会产生粗暴严厉的动作。这样的声音，就是大家常说的盛世安乐之音。小人的音乐就不是这样的，小人的音乐激烈尖锐，透露出杀伐之气。心中没有中正平和的感觉，身体也不会产生温柔和气的动作。这样的声音，就会引起国家动乱不安的风气。当年，舜弹奏五弦琴，创作了《南风》之诗，诗中说：'南方的风真温暖啊！可以消除我子民的愁苦；南风吹得真及时啊，可以增加我子民的财物。'正是实施这样的音乐教化，所以国家才能如此的兴盛。美好的德政就像泉水一样流淌不尽，到现在王公大人们还不断称赞，难以忘怀。殷纣王喜欢北方粗鄙的音乐，所以他的灭亡就很迅速，直到现在，王公大人们还引以为戒。像舜，本为普通百姓，但他累积功德，顺应天心民意，最终被称为帝；而纣，原来是天子，却荒淫无度，最终导致灭亡。这不都是因为他们平时的修养不同造成的吗？……"

凡音之起，由人心生

《礼记·乐记》

【阅读提示】

《乐记》是中国第一部系统的艺术和审美教育专著。关于作者及成书时间，历来说法不同。代表性说法有：其一，《乐记》为战国时期孔子的再传弟子公孙尼子所作。其二，《乐记》为汉代刘向、刘歆父子校先秦古籍所得。比较公认的观点是，《乐记》深入揭示了乐产生的现实根源和主观条件，具体全面回答了“乐之所以产生”的问题。

凡音之起，由人心生也。人心之动，物使之然也。感于物而动，故形于声；声相应，故生变；变成方，谓之音；比音而乐之，及干戚羽旄，谓之乐也。乐者，音之所由生也，其本在人心之感于物也。是故其哀心感者，其声噍以杀；其乐心感者，其声啴以缓；其喜心感者，其声发以散；其怒心感者，其声粗以厉；其敬心感者，其声直以廉；其爱心感者，其声和以柔。六者非性也，感于物而后动。是故先王慎所以感之者。故礼以道其志，乐以和其声，政以一其行，刑以防其奸。礼乐刑政，其极一也，所以同民心而出治道也。

凡音者，生人心者也。情动于中，故形于声，声成文谓之音。是故治世之音安以乐，其政和；乱世之音怨以怒，其政乖；亡国之音哀以思，其民困。声音之道，与政通矣。宫为君，商为臣，角为民，征为事，羽为物。五者不乱，则无怗懘之音矣。宫乱则荒，其君骄；商乱则陂，其臣坏；角乱则忧，其民怨；征乱则哀，其事勤；羽乱则危，其财匮。五者皆乱，迭相陵，谓之慢。如此则国之灭亡无日矣。郑卫之音，乱世之音也，比于慢矣。桑间濮上之音，亡国之音也，其政散，其民流，诬上行私而不可止也。

凡音者，生于人心者也；乐者，通于伦理者也。是故知声而不知音者，禽兽是也；知音而不知乐者，众庶是也。唯君子为能知乐。是故审声以知音，审音以知乐，审乐以知政，而治道备矣。是故不知声者不可与言音，不知音者不可与言乐，知乐则几于礼矣。礼乐皆得，谓之有德。德者，得也。是故乐之隆，非极音也；食飨之礼，非致味也。清庙之瑟，朱弦而疏越，一倡而三叹，有遗音者矣。大飨之礼，尚玄酒而俎腥鱼，大羹不和，有遗味者矣。是故先王之制礼乐也，非以极口腹耳目之欲也，将以教民平好恶而反人道之正也。

人生而静，天之性也；感于物而动，性之欲也。物至知知，然后好恶形焉。好恶无节于内，知诱于外，不能反躬，天理灭矣。夫物之感人无穷，而人之好恶无节，则是物至而人化物也。人化物也者，灭天理而穷人欲者也。于是有悖逆诈伪之心，有淫佚作乱之事。是故强者胁弱，众者暴寡，知者诈愚，勇者苦怯，疾病不养，老幼孤独不得其所，此大乱之道也。是故先王之制礼乐，人为之节：衰麻哭泣，所以节丧纪也；钟鼓干戚，所以和安乐也；婚姻冠笄，所以别男女也；射乡食飨，所以正交接也。礼节民心，乐和民声，政以行之，刑以防之。礼乐刑政四达而不悖，则王道备矣。

选自《礼记·乐记》，中华书局 1980 年版

【译文】

大凡音乐的产生，都是源自于心中的。而人心的活动，往往是由于受到外物的触发。人心有感于外物才会产生活动，因而表现为声音；声与声相应和，才发生变化；按照一定的规律进行变化，这就叫作音律。随着音的节奏用乐器演奏，再加上道具舞蹈，就叫作音乐了。所以说乐是由音产生的，而从根本讲是人心有感于物造成的。因此，心生哀痛时，其声急促而低沉；心生欢乐时，其声舒慢而宽缓；心生喜悦时，其声昂扬而爽朗；心生愤怒时，其声粗猛而严厉；心生敬意时，其声正直而清亮；心生爱意时，其声柔和而动听。以上六种情况，非关性情，是感于外物而产生的活动。所以先王对外物的影响非常慎重。因此用礼来引导人的意志，用音乐调和人的声音，用政令来统一人的行动，用刑罚防止人们违法乱纪。礼乐刑政，其终极目的只有一个，都是为了齐同民心而达到天下大治的世道。

所有的音乐都产生于人的内心。情感在心里激荡便往往会表现为声音，声音组合成条理就叫做音乐。所以太平盛世的音乐安适而快乐，其政治必是和谐的；乱世的音乐里哀怨而愤怒，其政治必是紊乱的；将要亡国的音乐哀伤而忧思，百姓也是困苦

无望。所以声音的道理，是与政治相通的。五音之中，宫好比君，商好比臣，角好比民，征好比事，羽好比物。五音不混乱，就不会有不和谐的声音。宫声乱则五声废弃，好比君王骄纵废政；商声乱则五声不谐，好比官吏腐败；角声乱则五音忧愁，好比百姓多有怨愤；征音乱则曲多哀伤，其国多事；羽声乱则五音倾危，好比财用匮乏。五声全部混乱，互相凌越，即为散漫之音。这样国家的灭亡也就没有多少日子了。郑国、卫国的音乐，是乱世之音，可与慢音相比拟；桑间濮上的音乐，是亡国之音，其国政治散漫，百姓流荡，官吏欺上瞒下，徇私枉法成风。

一切音乐，都产生于人的内心；所谓“乐”，是与伦理相通的。所以只懂得声音而不懂音调的，是禽兽；只懂得音调而不懂得音乐的，是普通百姓。唯有君子才懂得音乐。所以审察声音从而了解音调，审察音调从而懂得音乐，审察音乐从而懂得政治，这就具有完备的治国之道。因此，不懂得声音的人，不足以与他讨论声调；不懂得音调的人，不足以与他讨论音乐，懂得了音乐，就接近懂得礼了。礼乐的精义都能得之于心，称为有德。德就是得到的意思。所以说音乐的兴盛，不在于极尽音声的规模；宴享礼的隆盛，不在于肴馔的丰盛。宗庙祭祀中弹奏的瑟，用外表是朱红色弦，下有两个通气的小孔，一点儿都不起眼；演奏时一个人领唱，三人唱和，并非把高庙之音包揽无遗。大飨的礼仪，崇尚玄酒，用生鱼省肉，大羹用味道单一的肉汤，不具五味，吃完之外另有余味。所以，先王制礼作乐，不是为了满足口腹耳目的欲望，而是用礼乐来教化百姓，使百姓回归做人正路上来。

人生来喜欢宁静，这是人的一种天性；感知外物以后发生情感的变化，这也是人性本能。外物纷纷到来，心智就会有所知觉，然后心中便有了好恶。心智受到外物干扰，又不能时常自我反省，这样人所禀赋的天性就会泯灭。外物给人的感受无穷无尽，而人的好恶之情没有节制，人就会被身边的事物同化了。人被外物同化，就会泯灭人性而放纵欲望。于是就有狂悖、逆乱、欺诈的念头，有荒淫、逸乐、犯上作乱的事。因此，强大者胁迫弱小，众多者强暴寡少，聪明人欺诈愚昧者，勇悍的使怯懦者困苦，疾病者不得养，老人、幼童、孤儿、寡母不得安乐，这些是导致天下大乱的因素。所以，先王制礼作乐，都是要对人的行为加以节制：以衰麻哭泣的礼仪制度，节制丧葬；钟鼓干戚等乐制，调和安乐；婚姻冠笄的制度，区别男女大防；乡射、大射、乡饮酒及其他宴客享食的礼节制度，调整人际间的交往关系。用礼节制民心，用乐调和民气，以政治推行之，用刑罚防范之。礼乐刑政四者都能发达而不相悖乱，王道政治也就完备了。

第二辑

启蒙年代

改良学校的基础应当是万物的严谨秩序

【捷克】夸美纽斯

【阅读提示】

夸美纽斯(1592—1670),教育家。夸美纽斯对封建教育作出全面批判,第一次提出了资产阶级教育体系,为近代教育发展提供了理论基础,因此被称为“教育史上的哥白尼”“近代教育之父”。夸美纽斯提出教育要遵循自然适应性原则,培养外在美和内在美和谐统一的人,认为艺术教育要培养人们的感觉、想象和创造能力。

一 我们通过考察知道,真正维系我们这个世界的结构以至它的细微末节的原则不是别的,只是秩序而已;就是,按照地点、时间、数目、大小和重量把先来的和后来的,高级的和低级的,大的和小的,相同的和相异的种种事物加以合适的区分,使每件事物都能好好地实践它的功用。所以,秩序就叫作事物的灵魂。因为一切秩序良好的东西,只要它能保持它的秩序,它就可以保持它的地位和力量;到了不能保持它的秩序的时候,它就变虚弱,就倾跌和颠覆。这可以从自然与艺术的例证看得很明白。

二 我且请问,这个世界是因什么媒介才保持了它的现状的呢?是什么东西使它这样非常稳定呢?这是由于每一种造物都肯服从自然的命令,把它的行动限定在一种合适的限度以内的原故;所以,在小事情上面小心地遵守秩序,宇宙的秩序就保持住了。

三 时间的巨流是因什么媒介才这样准确地和连续地分为年、月、日的呢?没有别的,只是由于苍天的不变的秩序之故。

四 是什么使蜜蜂、蚂蚁和蜘蛛能做出非常精细的工作,叫人容易惊羡而不容易模仿呢?没有别的,只是由于它们有种天才,能在它们的建设中把秩序、项目和质料和谐地结合起来而已。

五 是什么把人体组成这么稀有的一副工具,使它虽则只有极少的资源可以利用,但是几乎能够发生无穷尽的功用呢?我的意思是说它的肢体有限,为什么却能做出非常复杂的、不必再有他望的工具呢?毫无疑问,这是由于肢体及其组成部分的和谐排列之故。

六 一个单个的心灵为什么能够统治它所寄居的整个身体,同时又能指挥那么多的动作呢?没有别的,只是因为肢体的联接具有和谐的秩序,那种和谐的秩序使它们服从心灵的最轻微的指示,立刻发生动作而已。

七 一个单个的人、一个国王或皇帝,为什么能够统治整个国家呢?虽然国内有多少人就有多少条心,但是他们都服从那一个人,为他服务,如果他的事情顺利,每一个百姓的事情一定也会繁荣起来,这是为什么呢?原来这又是由于秩序之故。有了秩序作媒介,人们便都被法律与服从维系住了,其中有些人直接服从最高的统治者,与最高的统治者发生直接的接触,而别的人则又服从这些人,这样一直推演到最低贱的农奴。这种安排就像一副链条,链条上的每一个环节都是紧密地接连的,头一个环节动或是不动,其余一切的环节便都跟着动或不动。

八 海埃罗没有人帮忙,为什么能移动一件一百个人都移不动的重量呢?这当然是由于利用了一件聪明地设计出来的机械之故,机械里面的柱、轮以及其他部分的排列使这部分在那一部分上发生作用时,力就大大变大了。

九 大炮的骇人听闻的作用,可以轰倒墙垣,震撼堡塔,挫抑敌军,它所依靠的不是别的,也只是材料的合适安排,使主动因素与被动因素密切联系而已;就是说,它所依靠的是硝石与硫磺(最冷的物质和最热的物质)的适当混合,是炮的合适构造,是熟练地装置火药与弹丸,是对射击目标的正确瞄准。假如这些条件之中有一件没有适当地履行,整个工具便没有用处了。

一〇 有了印刷术书籍就可以迅速地、洁净地、正确地印出来,这又是怎样正确地进行的呢?当然也是由于秩序之故。铅字必须雕好、铸好、磨光,并且合适地放在字箱里面,然后按照正确的秩序排列出来,纸张也须备好,打湿,伸开,并且放在印刷机上。

一一 我可以再举一个机械方面的例子。一部马车,一部木与铁的构造,为什么容易被缚着的马匹拖走,能够用来运人运货呢?没有别的,只是由于车轮、车轴和车杠中的木与铁的巧妙排列而已。假如其中有一个部分坏了,整个构造便没有用处了。

一二 人在惊涛骇浪的海里,坐着几片木头造成的一个东西,为什么就能自信得很呢?没有别的,只是由于船上的龙骨、桅杆、舵和指南针等等东西装配得合适,所以能使他们这样去做。假如其中有一件不能发生作用,他们就有覆舟或沉没的大危险。

一三 最后,测算时间的机械——钟,不过是一些安排得好、设计得好的铁的部件的排列而已,为什么它能够和谐地均匀地运行,能够指出分、时、日、月,有时甚至能够指出年份呢?它为什么不独能够指示给眼看,而且也能在晚上,对远方的人用一些符号,指示给耳听呢?这种器械为什么能在一定的时刻使一个人从睡眠中惊醒,能够发出光亮使他看见呢?它为什么能够指出月亮的弦、行星的位置和月蚀呢?一件机械,一件没有灵魂的东西,能这样有生命似的、连续地、常规地运行,岂不真是一件奇怪的事吗?在钟的发明以前,这种东西的存在岂不是同树木能走,或石头能说话一样地看来是不可能的吗?然而现在却人人都能看到它们的存在了。

一四 发生这种作用的潜在力量是什么呢?没有别的,只是秩序的万能的支配力而已;就是说,力量发生于把一切有关的部件按照它们数目、大小和重要程度组合起来,使每一个部件都能够尽它自己应尽的职分,能够与其他部件和谐地合作,并且帮助其他在产生应有的结果上不能不有的部件;就是说,每一个部件的大小必须小心地加以调节,使它合乎其他部件的大小,每个部件都必须正确地与周围各部件相配合并且应当遵守平均分配力量到各部件的一般法则。在这种情形之下,一切程序较之一个心灵所支配的活的身体更加准确。但是假如其中任何一个部件的位置错了,碎了,破了,或是松了,弯了,即使它是最小的一个转轮,是最无关系的一根轮轴或是最小的一个螺丝,那时整个机械便会停止不动,至少也会走错,这就明白地告诉了我们:一切事物都是有赖于它的各个部件的和谐工作的。

一五 所以,教学艺术所需要的也不是别的,只不过是要把时间、科目和方法巧妙地加以安排而已。一旦我们发现了正确的方法以后,那时无论教导多少学童都不会比用印刷机在一天之内印一千份最整洁的文章,或用阿基米德的机械去移动房屋、堡塔和极重的重物,或坐船经过大洋,去新世界旅行更为困难。整个的进程也会和一座得到重锤作动力的钟的运行一样,不会发生摩擦。看到照我的计划去进行教育和看到这种自动机将是一样地快乐,它的进程和这种巧妙地做出来的机械是同样不会失败的。

一六 所以,我们应该……这样地去组织学校,使它们在这些方面能十分像一座用最巨大的技巧做成的、用最精细的工具巧妙地雕镂着的钟一样。

选自《大教学论》,傅任敢译,人民教育出版社 1984 年 12 月版

优雅的态度

【英】约翰·洛克

【阅读提示】

洛克(1632—1704),教育家。洛克认为,美赋予人们的一切言行以魅力,人的美的最高形式是优美。洛克主张通过美育,培养品德高尚、风度优雅、精明能干的"绅士",美育是他倡导的"绅士教育"的一个组成部分。洛克轻视美育的独特功能,其美育思想有实用主义和功利主义倾向。

我相信矫揉造作的毛病不是儿童从小就有的,也不是没有经过教导的天性的产物。这种莠草不是生长在荒芜的野地上面的,而是生长在花园里面,因为园丁太不小心或是太没照顾的本领,方才滋长起来的。一个人之所以能够矫揉造作,一定是起因于管理与教导,和一种知道不能不有礼貌的感觉;它想改正本性中的缺点,它总是具有一个可爱的目的,要去取得别人的欢心,虽则这个目的它是永远不能达到的;它愈想装出一副优雅的态度,它离优雅的态度便愈远。因为这个理由,所以我们愈该提防它,因为它是教育所产生的过失;这种教育固然是一种走入了歧途的教育,但是青年人或则因为自己的错,或则由于左右那种人的行为不好,他们往往容易受到这种教育。

优雅的态度永远是可以获得别人的欢心的,是因为一个人在做某件事情的时候,他的心情正合于那个时候的情境。我们看见一个高雅、友善、殷勤的人,是没有不高兴的。凡是一种旷达的,能够宰制自己并能主宰一切行为的心境,既不卑陋狭隘,也不孤高傲慢,也没沾染任何重大缺点,这也是没有人不喜爱的。从这种完善的心境所自然地流露出来的行为是心境的真切迹象,我们当然无不喜欢;这种行为既是内心的自然流露，当然也就显得态度自如，没有勉强做作的痕迹。我觉得这是一种美，这种"美"可以使他们的行为和一切所作所为益发显得漂亮，凡是和他们接近的人无不为之倾倒高兴；这是因为他们经过不断的练习，把自己的举止陶冶好了，在与人交接时，由于生性或习惯，有礼貌，尊重别人，表现自如，一点也不显得做作，一看去就知道是因为他们具有甜美完善的心情才自然地流露出来的。

反之，矫揉造作是对于应当真纯自如的事情的一种丑陋的和勉强的模仿，缺乏那种跟随自然的事情而来的美；因为，外表的行为与内在的心情总是不相符合的，表现有二：第一、一个人实际并没有某种心情，可是他要在举止上装腔作势，使得外表上好像具有某种心情似的；但是他这种矫揉造作的态度是会自行暴露的；譬如有些人有时候实际上并无悲哀、愉快，或慈爱的心情，他们却偏要装出一副悲哀、愉快或慈爱的神气。第二、有时候他们并不装腔作势，假充具有某种心情，却在举止上表现一些与他们不相称的动作；比如他们与人交往的时候装模作样的一切动作、言词或容貌，本来的目的固然是在对对方表示尊重与礼貌，或者表示他们谈得很有兴致，善于交谈，但是实际并不是一种自然的或诚实的表现，而是他们内心上的某种缺憾或错误的表示。这种情形，大部分是因为他们只知一味模仿别人，却不知道分辨别人的行为哪一部分是优雅的，或者哪些东西是别人的性格中所特有的。一切矫揉造作，无论它的方式如何，总是令人讨厌的；因为我们生来厌恨假装的事情，和那些只能以假装的态度去取得别人的欢心的人。

率真的和不加造作的本性，任其自然，远比做作的丑态和这种蓄意的怪样好。我们如果自己没有什么成就，或是行为方面有什么缺憾，态度不能达到十分优雅的境界，通常是不至于被人注意、遭人指摘的。但是我们的举止中间无论哪一部分有了矫揉造作的成分，那就等于给我们自己的缺点点上了一支蜡烛，结果一定被人注意，不是认为我们没有见识，便会说我们太不光明磊落了。这种情形，做导师的人应该特别提防，因为我在上面说过，这是一种习得的丑态，起因于一种错误的教育，犯矫揉造作的毛病的，除了那些冒充受过良好的教养，不愿安于自认不善与人交接的人以外很少有别种人；我觉得它的起因，常是因为世上有些懒人，只知道定出规则，立下范例，却不把练习与他们的教导相结合，不知道使学生在自己的监视之下，重复做着某种行为，以便改正其中失礼的和做作的成分，使那种行为变得习惯地、合适地运用自如。

所谓礼貌，儿童们往往弄不清楚，……我觉得学习的方法与其依从规则，不如根据榜样；儿童若是不与不良的伴侣在一道，知道自己因为行为优美，所以能够得到人家的尊重和赞许，他们是会乐于仿照别人的榜样，使自己的行为来得优雅的。万一稍微没有留心，孩子脱帽与退步致敬的姿态来得不顶雅驯，那种缺点可以由教跳舞的教师去改正，他可以把时派人物所说的村俗之气的率直的天性完全去掉。我觉得跳舞最能使儿童具有适当的自信心与举止，使他们有资格和年长的人交际，所以我主张他们到了能学跳舞的年岁，马上就该学习跳舞。因为跳舞虽然只是一种优美的外表的动作，可是不知道为什么，它使儿童在思想上和姿态上具有丈夫气概的作用却比什么都强。除此以外，我是不主张使得小小的孩子因为礼貌上的细节而多吃苦头的。

……

孩子年纪很小的时候，他们无论做了什么没有经心的事，只要没有骄傲与天性不良的迹象，都是可以原谅的；但是他们的任何行为如果显露了这种迹象，那就应该按照以上所说的方法，立刻加以纠正。我对于礼貌问题所说的话，意思并不是说，我们虽然有人知道怎样去使儿童懂得礼貌，也不应该在儿童极小的时候去逐渐陶冶他们的动作和举止。假如从儿童刚会走路时起，就有能陶冶他们的人采用正当的方法去陶冶他们，那本是一件极好的事。

我所不满意的是关于这件事情通常所用的错误的办法。

……

至于从儿童方面说来，这种偶尔教训一两次的办法，他们是一点好处都得不到的。

他们应该先受过教导，知道该做什么，而且事先还应反复练习合适的做法才行，不能够事前毫不习惯，甚至全不知道怎样一个做法，而可以临时告诉他们去做的。这种每逢事到临头，便去呵斥一顿的办法，那不是教导他们，而是无故使他们受烦扰，吃苦头。顶好是让他们去，不必因为一点点不是他们本身所固有的，也不是他们听了一番告诫就能够改正过来的过失就去呵斥他们。他们天性中的幼稚的不经心或者率直的表现，应当让他年岁长大了去注意，不必时时无故加以呵责，因为呵责不会也不能使他们养成优雅的动作。他们如果心地纯正，内心具有礼貌，即使因为缺乏良好的教导，外表上的气概粗鲁一点，只要他们是在良好的伴侣中间长养起来的，那么，时间与观察自然可以将它洗刷干净；他们如果是经常跟不良的伴侣在一道，那么，哪怕你用尽世间所有的规则，使尽一切想象得到的惩罚，还是使他们漂亮不了。因为你应该知道这个真理,就是:你对于孩子们尽管给以各种训导,天天告诉他们一些关于礼仪的精湛的指示,但是最能影响他们的举止的还是那些与他们相处的人和左右诸人的派头。儿童(不,成人也是一样)的举止大半是模仿得来的。我们都是一种模仿性很强的动物,是染于青则青,染于黄则黄的;可见孩子们的耳闻不如目见,原是不足为怪的。

选自《教育漫话》,傅任敢译,人民教育出版社 1957 年版

关于对美的智性的兴趣

【德】康德

【阅读提示】

康德(1724—1804),哲学家。康德第一次把审美活动作为一种独立的精神活动,同认识活动、伦理活动区别开来,揭示了审美教育相对独立的性质和功能。康德认为,知情意、真善美相统一,才会得到真正的精神自由、人格尊严和道德完善,把审美教育提到了人类精神生活的很重要的位置。

那一些人,他们欢喜把人们由内面的自然禀赋所推动的一切的事业都指向人类最后的目的,即道德的善,而把那对于美一般具有兴趣,也看做是一个好的道德的性格的标志,这真是在好心肠的意图里表现出来的见解。但他们都被别人有根据地反驳掉了。这些别人依据经验,指出鉴赏的练达家们不但是往往,而且经常是虚饰的,固执的,并且委身于一些有害的癖性,大概比别的人更少有资格说他们具有忠于道德诸原则的优点。所以好像是,对于美的情感不仅是和道德的情绪有种别的差异(实际上也是如此),而且这和美能结合的兴趣是和道德的兴趣很难,绝不能通过内部的亲和性结合起来。

我现在固然愿意承认,对艺术的美的兴趣(在这里,我把人工的使用自然的美以从事装点,即是为了浮夸虚饰,也算在内)完全不提供一个忠于道德的善的,或仅仅是有此倾向的思想形式的证据。但与此相反,我却主张:对于自然的美具有一个直接的兴趣(不单具有评定它的鉴赏力)时时是一个良善灵魂的标志;并且,即使这兴趣是习惯性的,它至少表示一种有利于道德情绪的心意情调,如果这兴趣乐于和自然的静观相结合着。但人们须记着,我在这里实际上是意指着自然的美的形式,而那些能与自然结合在一起的丰富的刺激(魅力)我暂且放置一旁,因对于那些东西的兴趣固然也是直接的,却仍是经验性质的。

谁人孤独地(并且无意于把他所注意的一切说给别人听)观察着一朵野花,一只鸟,一个草虫等等的美丽的形体,以便去惊赞它,不愿意在大自然里缺少了它,纵使由此就会对于他有所损害,更少显示对于他有什么利益,这时他就是对于自然的美具有了一种直接的,并且是智性的兴趣了。这就是不但自然成品的形式方面,而且它的存在方面也使他愉快,并不需一个感性的刺激参加在这里面,也不用结合着任何一个目的。

在这里值得注意的是,假使人们欺骗了他而是把假造的花(人能做得和真的一样)插进泥土里,或把假造的雕刻的鸟雀放在树枝上,后来他发见了这欺骗,他先前对于这些东西的兴趣就消失掉了;但可能另一种兴趣来替代了这个,这就是虚荣的兴趣,他把他的房间用这些假花装饰起来以炫别人的眼睛。自然是产生出那美的;这个思想必须陪伴着直观与反省;人们对于他的直接的兴趣只建立在这上面。

否则只剩下一种单纯的鉴赏判断而绝无一切的兴趣或只是和间接的,即关系着社会的兴趣结合着:但后者对于道德上善的思想并不提供确实可靠的指征。

这种自然美对艺术美的优越性,尽管自然美就形式方面来说甚至于还被艺术美超越着,仍然单独唤起一种直接的兴趣,和一切人的醇化了的和深入根底的思想形式相协和,这些人是曾把他们的道德情操陶冶过的。

如果一个曾经充分具备着鉴赏力,能够以极大的正确性和精致来评定美术作品的人,他愿意离开那间布满虚浮的,为了社交消遣安排的美丽事物房屋而转向大自然的美,以便在这里,在永远发展不尽的思想的络绎中,见到精神的极大的欢快,我们会以高度的尊敬来看待他的这一选择,并且肯定他的内心具有一美丽的灵魂,这种美丽的灵魂不是艺术通和爱好者根据他们对艺术的兴趣就能有资格主张他们也具有着。什么是这两种客体不同的评价的相异之点? 在单纯鉴赏判断里这两种客体是很难互争优劣的呀!

我们有一单纯的审美判断力的机能,无概念地对诸形式来下评判,并且在这种单纯评判上发见一种愉快,我们同时使它成为每个人的例则,这种判断并且不是基于一个利益兴趣,也不导致这样一利益兴趣。

至于对美术的愉快在纯粹的鉴赏的判断里并不这样和一直接的兴趣结合着,像对于美丽的自然那样，这也是很容易解释的。因为它或是一自然的摹本，达到错觉的程度；那么它的作用就像一误认为真的自然美那样，或者它是一个有意的为引动我们的愉快而造作的技术：这时我们对于这一成品的愉快固然直接由鉴赏而生起，但除掉唤醒一个对那植于根基里的原因的间接兴趣而外没有别的，这就是对于这一种艺术，它只是通过它的目的，永远不是由于自身使我感兴趣。人们或者会说，下面这场合也是和此同样的，这就是，如果一自然对象只是在那限度内使人感兴趣，当它和一道德观念伴合着。但，不是这个，而是这对象能够参加这一伴合的性质自身，即它内在地禀有此一特性，才会直接引起人们兴趣。

美丽自然的诸魅力，常常和美的形式融合在一起被我们接触到的，它们或是属于光(在赋色里面)，或是属于声(在音响里面)的诸变相。因为这些是唯一的诸感觉，它们不仅仅是具含着感性的情感，而且也允许我们对于感官的这些变相的形式进行反思，因而它们好像是一种把大自然引向我们的语言，使大自然内里好像含有一较高的意义。所以百合花的白色导引我们的心意达到纯洁的观念，并且按照着从红到紫的七色秩序，达到：(1) 崇高；(2) 勇敢；(3) 公明正直；(4) 友爱；(6) 谦逊；(6) 不屈；(7) 柔和等观念。鸟的歌声宣诉它的快乐和对生活的满足。至少我们这样解释着自然，不管这是不是它的真实的意图。但我们在此处对于自然的美的兴趣，却必须它确实是自然的美，假使我发见这里只是艺术，我发现我是被欺骗了。

诗人所赞赏的莫过于夜莺在静悄悄的夏夜，藏在孤寂的丛林里，发出它的动人的美丽的歌唱。但人们虽有这样的例子，即在这场合并不是夜莺的歌唱，暗中叫一个顽皮的孩子藏在丛林里(用芦管或竹管)模仿着自然的歌唱。当人们一旦发觉这是欺骗时，人们就不再能长久忍耐下去听这先前那样认为多么美的歌声了。这就是每一歌手的场合。所以那必须是自然或被我们认为是真的自然，这才使我们能够对于美作为一种感到一直接的兴趣，更进一层说，我们将可以推断别人也应在那上面感到兴趣；实际上正是这样，我们会把那些人的思想形式看做粗俗或不高尚，假使他们对于大自然没有感觉(我们这样称呼那对于观照兴趣的容受性)，而只在膳食杯盘之间紧抓住官能的享乐，那时这自然的美就立刻全部消逝了，甚至于鉴赏就不能在那上面发见到任何美，视觉也不能在那上面见到任何魅力了。

选自《判断力批判》，宗白华译，商务印书馆 1964 年 1 月版

论雕刻

【普鲁士】温克尔曼

【阅读提示】

温克尔曼(1717—1768),美学家。在温克尔曼以前,美学很大程度上是诗学,即以文学为主要研究对象。温克尔曼从对艺术作品的直观感受出发,经过批评的中介,而达到美学的理论高度。温克尔曼开辟了一条以造型艺术为主要研究对象的美学新途径,从观察古代艺术理想得到启发,替艺术欣赏养成了一种新的敏感。

1. 希腊雕刻

希腊艺术杰作的一般特征是一种高贵的单纯和一种静穆的伟大,既在姿态上,也在表情里。

就像海的深处永远停留在静寂里,不管它的表面多么狂涛汹涌,在希腊人的造像里那表情展示一个伟大的沉静的灵魂,尽管是处在一切激情里面。在极端强烈的痛苦里,这种心灵描绘在拉奥孔的脸上,并且不单是在脸上。在一切肌肉和经络所展现的痛苦,不用向脸上和其他部分去看,仅仅看到那因痛苦而向内里收缩着的下半身,我们几乎会在自己身上感觉着。然而这痛苦,我说,并不曾在脸上和姿态上用愤激表示出来。他没有像维尔琪在他的拉奥孔(诗)里所歌咏的那样喊出可怕悲吼,因嘴的孔洞不允许这样做,这里只是一声畏怯的敛住气的叹息,像沙多勒所描述的。

身体的痛苦和心灵的伟大是经由形体全部结构用同等的强度分布着,并且平衡着。拉奥孔忍受着,像索缚克勒斯的菲诺克太特:他的困苦感动到我们的身心里,但是我们愿望也能够像这个伟大人格那样忍耐痛苦,一个这样的伟大心灵的表情远远超越了美丽自然的构造物。艺术家必先在自己内心里感觉到他要印入他的大理石里的那精神的强度，希腊有集合艺术家与圣哲于一身的人物，并且不止一个梅特罗多，智慧伸手给艺术而将超俗的心灵吹进艺术的形象。

……

身体的站相愈静穆，它就更适合于表现心灵的真实性格：在一切过分脱离静穆站相的姿态里，心灵不处在它的最自在的、而是在一种被迫的强勉的状态里。在强烈的情操里，心灵是较易被人认识和指出的，但伟大和高贵却是在统一的、静穆的站相里。

在拉奥孔里，如果单单把痛苦塑造出来，就成为痉挛的形状了。所以艺术家赋予它一个动作，这动作是在这样巨大的痛苦里最接近于静穆的形象的，为了把这时突出的状况和心灵的高贵结合于一体。但是在这个静穆形象里，又必须把这个心灵所具有的，和别的任何人不同的特征标出来，以便使他既静穆，同时又生动有为，既沉寂，却不是漠不关心或打瞌睡。

现代时髦艺术家的一般趣味却是和这极端相反。他们所获得的赞赏正是由于把极不寻常的状态和动作，偕着无耻的火热，用放肆挥洒，像他们所说的制造出来。

他们喜爱的口号是“对立姿势”(Contianost)，这对于他们是一个完美作品里一切品德的总汇。他们要求他们的形象里一种灵魂要像是一颗彗星脱出了它的轨道。他们希望在每一个形象里见到一个阿亚克斯(Ajax)及一个卡纳内亚(Cananeia)。

……

希腊雕像里的高贵的单纯和静穆的伟大同时也是希腊最好时期的文章的标志，像苏格拉底学派的文章。而这类品质也构成一个拉斐尔的主要伟大处。这是他通过模仿古人达到的。

2. 赫尔苦勒斯残雕

试问一问那些认识人类本质里(译者按：原文为有死者的天赋中)最美的东西的人，曾否见过能和这残雕的左侧形相相比拟的东西？它的肌肉里的作用和反作用是用一种聪慧的尺度把它们的变化着的起动和快速的力量令人惊叹地平衡着，这躯体必须通过它们才能来为完成一切任务做准备。就像在海的一个波中，那原先静止的平面在一雾似的骚动里用荡着的浪纹涨起来，一浪被一浪吞噬着，这浪纹又从这里面滚了出来，同样地，在这里一个肌肉柔和地涨了起来，飘然地渡进另一个肌肉，而在它们中间一个第三肌肉升了起来，好像加强着它的波动，而又消逝在它里面，我们的视线好像也同样地被吞噬在里面了。当我从背后看这躯体时，我惊喜着，就像一个人，在他赞叹过一座庙宇的宏丽的前门以后，被人导引到这庙的高处，他原先不能俯眺的穹窿，把他再度推坠惊奇之中。我在这里看见这肢体的尊贵的构造，诸肌肉的起始，它们的部位和运动的根基；而这一切展开在眼前，好似从山顶上发见一片风景，大自然把它的丰富多样的美倾泻在这上面。

就像这些愉快的峰顶由柔和的坡陀消失到沉沉的山谷里去，这一边逐渐狭隘着，那一边逐渐宽展着，那么多样的壮丽秀美；这边昂起了肌肉的群峰，不容易觉察的凹涡常常曲绕着它们，就像曲折的河流。与其说它们是对我们的视觉显示着，不如说它们是对我们的感觉展示着。

3. 柏维德尔宫的阿波罗雕像

这里是体现了古代幸免于摧毁的作品中最高的艺术理想。这作品的创造者是把这作品完全建基于那理想之上，他从物质材料里只采取了必不可少的那么些，以便实现他的目的，使它形象化。这个阿波罗超越着一切别的同类的造像，就像荷马的阿波罗远远超过了他以后一切诗里所描写的那样，这雕像的躯体是超人类的壮丽，它的站相是它的伟大的标示。一个永恒的春光用可爱的青年气氛，像在幸福的乐园里一般，装裹着这年华正盛的魅人的男性，拿无限的柔和抚摩着它的群肢体的构造。把你的精神踱进无形体美的王国里去，试图成为一个神样美的大自然的创造者，以便把超越大自然的美充塞你的精神！这里是没有丝毫的可朽灭的东西，更没有任何人类的贫乏所需求的东西，没有一经一络炙热着和刺激着这整体，而是一个天上来的精神气，像一条温煦的河流。倾泻在这躯体上，把它包围着。他用弓矢所追射的巨蟒皮东已被他赶上了，并且结果了它，他的庄严的眼光从他高贵的满足状态里放射出来，似瞥向无限，远远地越出了他的胜利：轻蔑浮在他的双唇上，他心里感受的不快流露于他的鼻尖的微颤一直升上他的前额，但额上浮着静穆的和平，不受干扰。他的眼睛却饱含着甜蜜，就像那些环绕着他、渴想拥抱他的司艺女神们……

……

在观赏这艺术奇迹里我忘掉了一切别的事物，我自己采取了一个高尚的站相，使我能够用庄严来观赏它。我的胸部因敬爱而扩张起来，高昂起来，像我因感受到预言的精神而高涨起那样，我感觉我神驰黛诺斯(Delas)而进入留西(Lycich)圣林，这是阿波罗曾经光临过的地方：因我的形象好似获得了生命和活动像比格玛琳(Pygma Lion)的美那样。怎样才能摹绘它和描述它呀！艺术自身须指引我和教导我的手，让我在这里起草的图样，将来能把它圆满完成。我把这个形象所赐予我的概念奉献于它的脚下，就像那些渴想把花环戴上神们头顶上的人，能仰望而不能攀达。

分别译自《关于在绘画和雕刻艺术里模仿希腊作品的一些意见》《短论》《古代艺术史》，选自《宗白华美学文学译文选》，北京大学出版社 1982 年 12 月版

诗与画

【德】莱 辛

【阅读提示】

莱辛(1729—1781),美学家。莱辛美学思想集中表现在《拉奥孔》中对画与诗的界限及两者和美的关系的论述上。《拉奥孔》通过分析古典雕刻与诗歌的表现手法的差异,论证造形艺术与诗的界限,即空间艺术与时间艺术的界限,得出“画更适合于表现美”的结论。莱辛美学思想预示了即将到来的浪漫主义美学的萌芽和蓬勃发展。

1. 美就是古代艺术家的法律

据说造形艺术方面最早的尝试是由爱情鼓动起来的。不管这是传说还是历史,有一点却是确实的:爱情曾经孳孳不辍地指引古代艺术家的手腕。因为绘画作为在平面上模仿物体的艺术,现在所运用的题材虽然无限宽广,而明智的希腊人却把它局限在远较窄狭的范围里,使它只模仿美的物体。希腊艺术家所描绘的只限于美,而且就连寻常的美,较低级的美,也只是一种偶尔一用的题材,一种练习或消遣。在他的作品里引人入胜的东西必须是题材本身的完美。他伟大,所以不屑于要求观众仅仅满足于妙肖原物或精妙技巧所产生的那种空洞而冷淡的快感,在他的艺术里他所最热爱和尊重的莫过于艺术的最终目的。

……

话说出题外了。我要建立的论点只是:在古希腊人来看,美是造形艺术的最高法律。

这个论点既然建立了,必然的结论就是:凡是为造形艺术所能追求的其他东西,如果和美不相容，就必须让路给美，如果和美相容，也至少必须服从美。

现在我要来谈一下表情。有一些激情和激情的深浅程度如果表现在面孔上，就要通过对原形进行极丑陋的歪曲，使整个身体处在一种非常激动的姿态，因而失去原来在平静状态中所有的那些美的线条。所以古代艺术家对于这种激情或是完全避免，或是冲淡到多少还可以表现出一定程度的美。

狂怒和绝望从来不曾在古代艺术家的作品里造成瑕疵。我敢说，他们从来不曾描绘过表现狂怒的复仇女神。他们把愤怒冲淡到严峻。对于诗人是一位发出雷电的愤怒的朱庇特，对于艺术家却只是一位严峻的朱庇特。

哀伤则冲淡为愁惨。如果不能冲淡，如果哀伤对于人物有所贬损和歪曲，在这种情况之下，提曼特斯是怎样办的呢？他的《伊菲革涅亚的牺牲》那幅画是人所熟知的。在这幅画里，他把在场的人都恰如其分地描绘得显出不同程度的哀悼的神情，牺牲者的父亲理应表现出最高度的沉痛，而画家却把他的面孔遮盖起来。关于这一点，过去人们说过许多很动听的话。有人说，画家在画出许多人的愁容之后已经精疲力竭了，想不出怎样把父亲画得更沉痛。另外又有人说，画家这样办，就显示出父亲在当时情况之下的痛苦是艺术所无法表现的。依我看来，原因既不在于艺术家的无能，也不在于艺术的无能。激情的程度加强，相应的面部变化特征也就随之加强；最高度的激情就会有最明确的面部变化的特征，这是艺术家最容易表达出来的。但是提曼特斯懂得文艺女神对他那门艺术所界定的范围。他懂得阿伽门农作为父亲在当时所应有的哀伤要通过歪曲原形才表现得出来，而歪曲原形在任何时候都是丑的。他在表情上做到什么地步，要以表情能和美与尊严结合到什么程度为准。如果他肯冲淡那哀伤，他就可以避开丑；但是在他的插图中，这两条路都是行不通的，除掉把它遮盖起来，他还有什么旁的办法呢？凡是他不应该画出来的，他就留给观众去想象。一句话，这种遮盖是艺术家供奉给美的牺牲。它是一种典范，所显示的不是怎样才能使表情越出艺术的范围，而是怎样才能使表情服从艺术的首要规律，即美的规律。

如果把这个道理应用到拉奥孔，我所寻求的理由就很明显了。雕刻家要在既定的身体苦痛的情况之下表现出最高度的美。身体苦痛的情况之下的激烈的形体扭曲和最高度的美是不相容的。所以他不得不把身体苦痛冲淡，把哀号化为轻微的叹息。这并非因为哀号就显出心灵不高贵，而是因为哀号会使面孔扭曲，令人恶心。人们不妨试想一下拉奥孔的口张得很大，然后再下判断。让他号啕大哭来看看！拉奥孔的形象本来是令人怜悯的，因为它同时表现出美和苦痛，照设想的办法，它就会变成一种惹人嫌厌的丑的形象了，人们就会掩目而过，因为那副痛苦的样子会引起反感，而没有让遭受痛苦的主角的美表现出来，把这种反感转化为甜美的怜悯。

……

2. 造形艺术家为什么要避免描绘激情顶点的顷刻

但是上文已经提到，艺术在近代占领了远较宽广的领域。人们说，艺术模仿要扩充到全部可以眼见的自然界，其中美只是很小的一部分。真实与表情应该是艺术的首要的法律，自然本身既然经常要为更高的目的而牺牲美，艺术家也就应该使美隶属于他的一般意图，不能超过真实与表情所允许的限度去追求美。如果通过真实与表情，能把自然中最丑的东西转化为一种艺术美，那就够了。

不管这种看法有没有价值，我们姑且假定它还没有被驳倒；且考虑一下其他一些与此无关的问题，例如艺术家为什么仍然要在表情中有节制，不选取情节发展中的顶点？

我相信，艺术由于材料的限制，只能把它的全部模仿局限于某一顷刻，这个事实也会引起上文所提到的那种考虑。

既然在永远变化的自然中，艺术家只能选用某一顷刻，特别是画家还只能从某角度来运用这一顷刻，既然艺术家的作品之所以被创造出来，并不是让人一看了事，还要让人玩索，而且长期地反复玩索；那么，我们就可以有把握地说，选择上述某一顷刻以及观察它的某一个角度，就要看它能否产生最大效果了。最能产生效果的只能是可以让想象自由活动的那一顷刻了。我们愈看下去，就一定在它里面愈能想出更多的东西来。我们在它里面愈能想出更多的东西来，也就一定愈相信自己看到了这些东西。在一种激情的整个过程里，最不能显出这种好处的莫过于它的顶点。到了顶点就到了止境，眼睛就不能朝更远的地方去看，想象就被捆住了翅膀，因为想象跳不出感官印象，就只能在这个印象下面设想一些较软弱的形象。

对于这些形象，表情已达到了看得见的极限，这就给想象划了界限，使它不能向上超越一步。所以拉奥孔在叹息时，想象就听得见他哀号；但是当他哀号时，想象就不能往上面升一步，也不能往下面降一步；如果上升或下降，所看到的拉奥孔就会处在一种比较平凡的因而是比较乏味的状态了。想象就只会听到他在呻吟，或是看到他已经死去了。

还不仅此。通过艺术，上述那一顷刻得到一种常住不变的持续性，所以凡是可以让人想到只是一纵即逝的东西就不应在那一顷刻中表现出来。凡是我们认为按其本质只是忽来忽逝的，只能在某一顷刻中暂时存在的现象，无论它是可喜的还是可怕的，由于艺术给了它一种永久性，就会获得一种违反自然的形状，以至于愈反复地看下去，印象也就愈弱，终于使人对那整个对象感到恶心或是毛骨悚然。拉麦屈理[①]曾把自己作为德谟克里特第二，画过像而且刻下来，只在我们第一次看到这画像时，才看出他在笑。等到看的次数多了，我们就会觉得他已由哲学家变成小丑，他的笑已变成狞笑了。哀号也是如此。逼人哀号的那种激烈的痛苦过不了多久就要消失，否则就要断送受苦痛者的性命。纵然一位最有忍耐的最坚定的人也不免哀号，他却不能一直哀号下去。正是在艺术具体模仿里，哀号一直不停止的假象使得他的哀号现出一种女性的脆弱和稚气的缺乏忍耐。这种毛病至少是拉奥孔的雕刻家们所要避免的，纵使哀号不至损害美，纵使他们的艺术可以离开美丽表现苦痛。

……

3. 为什么诗不受上文所说的局限

回顾一下上文所提出的拉奥孔雕像群的雕刻家们在表现身体痛苦之中为什么要有节制的理由，我发见那些理由完全来自艺术的特性以及它所必有的局限和要求，所以其中没有哪一条可以运用到诗上去。

这里暂不讨论诗人在多大程度上能描绘出物体美，且指出一个无可争辩的事实：诗人既然有整个无限广阔的完善的境界供他模仿，这种可以眼见的躯壳，这种只要完整就算美的肉体，在诗人用来引起人们对所写人物发生兴趣的手段之中，就只是最微不足道的一种。诗人往往把这种手段完全抛开，因为他深信他所写的主角如果博得了我们的好感，他的高贵的品质就会把我们吸引住，使我们简直不去想他的身体形状，或是纵然想到，也会是好感先入为主，如果不把他的身体形状想象为美的，也会把

---

① 18世纪法国唯物主义思想家，《人是机器》的作者，自比古希腊哲学家德谟克利特，叫人把自己画成一位“嬉笑的哲学家”，制成版画。——译注

它想象为不太难看的。至少是每逢个别的诗句不是直接诉诸视觉的时候，读者是不会从视觉的观点来考虑它的。维吉尔写拉奥孔放声号哭，读者谁会想到号哭就要张开大口，而张开大口就会显得丑呢？原来维吉尔写拉奥孔放声号哭的那行诗只要听起来好听就够了，看起来是否好看就用不着管。谁如果要在这行诗里要求一幅美丽的图画，他就失去了诗人的全部意图。

其次，诗人也毫无必要，去把他的描绘集中到某一顷刻。他可以随心所欲地就他的每个情节(即所写的动作)从头说起，通过中间所有的变化曲折，一直到结局，都顺序说下去。这些变化曲折中的每一个，如果由艺术家来处理，就得要专用一幅画，但是由诗人来处理，它只要用一行诗就够了。孤立地看，这行诗也许使听众听起来不顺耳，但是它在上文既有了准备，在下文又将有冲淡或弥补，它就不会发生断章取义的情况，而是与上下文结合在一起，来产生最好的效果。所以在激烈的痛苦中放声哀号，对于一个人如果真正是不体面的，他的许多其他优良品质既然先已博得我们的好感了，这点些微的暂时的不体面怎么会使我们觉得是个缺点呢？维吉尔所写的拉奥孔固然放声哀号，但是我们对这位放声哀号的拉奥孔早就熟识和敬爱了，就已知道他是一位最明智的爱国志士和最慈祥的父亲了。因此我们不把他的哀号归咎于他的性格，而只把它归咎于他所遭受的人所难堪的痛苦。从他哀号里我们只听出他的痛苦，而诗人也只有通过他的哀号，才能把他的痛苦变成以用感官去认识的东西。

谁会因此就责备诗人呢？谁不会宁愿承认，艺术家不让拉奥孔哀号而诗人让他哀号，都是做得很对呢？

不过维吉尔在这里只是一位叙事体诗人。这种为他辩护的理由是否也适用戏剧体诗人呢？对一个人的哀号所作的叙述和那种哀号本身这两件事所产生的印象是不同的。戏剧要靠演员所刻画出来的生动的图画，也许因此就必须更严格地服从用物质媒介的绘画艺术的规律。从演员身上我们不只是假想在看到和听到一位哀号的菲罗克忒忒斯，而是确实在看到和听到他哀号。在这方面演员愈妙肖自然，我们看起来就愈不顺眼，听起来就愈不顺耳，因为在自然(现实生活)中，表现痛苦的狂号狂叫对于视觉和听觉本来是会引起反感的。还不仅此，肉体的痛苦一般并不像其他灾祸那样能引起同情。我们的想象很难从肉体的痛苦里见出足够的东西，使我们一眼看到，就亲身感到类似的痛苦感觉。

选自《拉奥孔》，朱光潜译，人民文学出版社 1984 年版

抽象形式的美

【德】黑格尔

【阅读提示】

黑格尔(1770—1831),哲学家。黑格尔美学思想主张审美的目的在于实现人的真正自由与精神解放。"审美带有令人解放的性质"是他美育思想的精髓所在,这一著名判断深刻揭示了审美活动的本质,把审美活动与人的心灵解放和精神解放联系了起来,真正抓住了美育的本质特征。认为美的艺术是人的心灵创造的产品,提出"艺术是各民族最早的教师"。

自然美的抽象形式一方面是得到定性的因而也是有局限性的形式,另一方面它包含一种统一和抽象的自己对自己的关系。但是说得更精确一点,它按照它的这种定性和统一,去调节外在的复杂的事物,可是这种定性和统一并不是本身固有的内在性和起生气灌注作用的形象,而是外在的定性和从外因来的统一。这种形式就是人们所说的整齐一律,平衡对称,符合规律与和谐。

a. 整齐一律,平衡对称

a) 就它本身来说,整齐一律一般是外表的一致性,说得更明确一点,是同一形状的一致的重复,这种重复对于对象的形式就成为起赋予定性作用的统一。由于它的本来的抽象性,这样一种统一就还远不是具体概念的有理性的整体,因此它的美只是抽象的知解力所能掌握的美;因为知解力所根据的原则就是抽象的一致性而不是从本身得到定性的一致性和同一性。例如在线条中,直线是最整齐一律的,因为它始终只朝一个方向走。立方体也是一个完全整齐一律的形体,无论在哪一面,它都有同样大的面积,同样长的线和同样大的角度,由于它是直角形,这角度不能像钝角或锐角那样可以随意改变大小。

b) 平衡对称是和整齐一律相关联的。形式不能永远停留在上述那种最外在的抽象性,即定性的一致性里。一致性与不一致性相结合,差异闯进这种单纯的同一里来破坏它,于是就产生平衡对称。平衡对称并不只是重复一种抽象地一致的形式,而是结合到同样性质的另一种形式,这另一种形式单就它本身来看也还是一致的,但是和原来的形式比较起来却不一致。由于这种结合,就必然有了一种新的,得到更多定性的、更复杂的一致性和统一性。例如在一座房子的一边并排横列着大小相同、距离相同的三个窗子,然后下面又并排横列着三个或四个比第一排较高而距离较大或较小的窗子,最后又是一排大小和距离都和第一排一致的窗子,这样看起来就是一种平衡对称的安排。所以如果只是形式一致,同一定性的重复,那就还不能组成平衡对称,要有平衡对称,就须有大小、地位、形状、颜色、音调之类定性方面的差异,这些差异还要以一致的方式结合起来。只有这种把彼此不一致的定性结合为一致的形式,才能产生平衡对称。

整齐一律和平衡对称这两种形式既然纯粹是外在的统一和秩序,所以它们主要地属于数量大小的定性。因为看作外在的而不完全是本身固有的定性一般都是量的定性,而质则是使某一确定事物成其为那样事物的定性,所以一件事物的质的定性改变了,它就完全变成另一件事物。数量大小,以及只是数量大小上的改变,如果不是用来作尺度,就是一种与质无关的定性,这就是说,尺度就是量,因为这量本身又变成以质的方式起赋予定性作用的,所以这被赋予定性的质是与一种量的定性联系在一起的。整齐一律与平衡对称主要地限于数量大小的定性以及这种定性在不一致的事物中的一致性和秩序。

如果我们进一步问:这种数量大小的安排在哪些事物上有它的正确的地位呢?我们就会发现有机自然和无机自然的形体在它们的大小和形式上都是整齐一律和平衡对称的。例如人的身体组织有一部分就至少是整齐一律和平衡对称的。我们有两只眼睛、两条胳膊、两条腿,同样的坐骨、肩膀骨等等。在其他部分情形就不如此,例如心、肺、肝、肠等等就不是整齐一律的。这里问题在于:究竟这种分别在哪里呢?大小、形状、地位等等的整齐一律所常表现的那一方面总是身体组织的纯然外在的那一方面。这就是说,按照事物的概念,整齐一律和平衡对称这两种定性所出现的地方,正是客观事物本身按照它的定性,就是外在的不显出主体的生气灌注作用的地方。

只是这样外在的实在就会只有上述抽象的外在的统一。在生气灌注的生命里,再往高一级走,在自由的心灵里,这种单纯的整齐一律就要让位给有生命的主体的统一。比起心灵,自然固然一般的是本身外在的客观存在,但是就连在自然里,也只有在单纯的外在性占统治地位的地方才往往见出整齐一律。

……

b. 符合规律

符合规律和上述两种比较抽象的形式是应该分别开来的,因为它已站到较高的一级,形成转到生物(自然界的和心灵界的)自由的过渡。单就它本身来看,符合规律固然还不是主体的完整的统一和自由,但是已经是一种本质上的差异面的整体,不是仅仅现为差异面和对立面,而是在它的整体上现出统一和互相依存的关系。这种符合规律的统一及其统治虽然还只是适用于量的范围,却不像整齐一律和平衡对称那样本身是外在的,只是在数量大小上可以用数字表示的差异面,而是让差异面之中有一种质的关系参加进来了。因此,在符合规律的关系中所见到的既不是同一定性的抽象的重复,也不是同与异的一致性的交替,而是本质上的差异面的同时并存。我们看到这些差异面完全会合在一起,就感到满足。这种满足现出这样一种理性:只有通过整体,而且只有通过事物本质所要求的差异面的整体,感官才能得到满足。不过这里的各差异面互相依存的关系仍然只是隐秘的联系,它对于观照,时而只是一种习惯方面的事,时而也是较深刻的预感的对象。

我们可以略举数例来说明由整齐一律转到符合规律的较明确的过渡。等长的平行线是抽象的整齐一律。进一步就是数量大小不同而只是关系相同,例如相似三角形,角的倾斜度和线与线的关系都相同,但是面积不同。再例如圆,它虽不像直线那样整齐一律,但是仍然只有抽象的一致性,因为它所有的半径都是等长的。因此,圆还只是一种不大能引起兴趣的曲线。椭圆和抛物线就不然,它们的整齐一律性较少,只有从它们的规律才能认识它们。例如椭圆的向径是不等长的,但是符合规律的,连大小轴线也有本质上的差异,而焦点也不像在圆里那样落在中心,所以就已见出根据这线形规律的质的差异,这些差异面的互相依存的关系就形成这种线形的规律。如果我们用大小轴线来划分椭圆,我们就得到四个相等的部分,所以就全体来说,一致性(或整齐一律)在这里仍占统治的地位。在内在的符合规律方面达到更高的自由的是卵形。卵形是符合规律的,不过人们还不能把这规律定成数学公式来计算它。卵形并不是椭圆,上部的曲线和下部的不同。但是我们如果用大轴线来分它,这种更自由的自然线形还是可以分成相等的两半。

因符合规律而取消单纯的整齐一律,最后还有一个例子,就是虽然像卵形而用大轴线来分它时却不能得到两等分的那种线形,因为左边不只是重复右边,曲度不同。所谓"波浪线"就属于这一类,霍格思把它称为"美的线"。左右两臂下垂线的曲度也彼此不同。这里只有符合规律而没有单纯的整齐一律。高级生物的更复杂的形式都是服从这种符合规律的原则。

符合规律是这样一种实体性:它见出差异面及其统一,但是一方面它还只是抽象地统治着,还不能使个体达到自由的动作,另一方面它还没有较高的主体自由,因此还不能显现出只有这种主体自由才有的生气灌注和观念性。

c. 和谐

比单纯的符合规律更高一级的是和谐。和谐是从质上见出的差异面的一种关系,而且是这些差异面的一种整体,它是在事物本质中找到它的根据的。和谐关系已越出了符合规律的范围,正如符合规律虽包含整齐一律那一方面而同时却超出了一致和重复。但是同时这些质的差异面却不只是现为差异面及其对立和矛盾,而是现为协调一致的统一,这统一固然把凡是属于它的因素都表现出来,却把它们表现为一种本身一致的整体。各因素之中的这种协调一致就是和谐。和谐一方面见出本质上的差异面的整体,另一方面也消除了这些差异面的纯然对立,因此它们的互相依存和内在联系就显现为它们的统一。人们常谈形状、颜色、声音等等的和谐,就是采取这个意义。例如蓝、黄、青、红四色根据颜色的本质是颜色所必有的差异面。在这些差异面里我们见到的不只是像在整齐一律里那样,由一些不一致的东西整齐一律地并列在一起,造成一种外在的统一,而是直接的对立面,例如黄和蓝,经过中和而成为具体的同一。这两种颜色的和谐之所以美,是由于它们的鲜明的差异和对立已经消除掉了,因而在蓝黄差异本身就见出它们的协调一致。它们互相依存,因为它们所合成的颜色不是片面的,而是一种本质上的整体。对这种整体的要求可以很大,就像歌德所说的，尽管眼前的对象只是一种颜色，眼睛却主观地同时看到另一颜色。在声音方面，基音、第三音和第五音就是声音的这种本质上的差异面，它们结合成一整体，就在差异面中见出协调。形状以及它的位置，静止、运动等方面的和谐也可以由此例推。在和谐里不能有某一差异面以它本身的资格片面地显出，这样就会破坏协调一致。

但是单就它本身来说，和谐还见不出自由的观念性的主体性和灵魂。在灵魂里的统一不是单纯的互相依存和协调一致，而是差异面作为互相否定的因素对立着，因而使表现出来的只是它们的观念性的统一。和谐还不能达到这种观念性。一切成乐调的声音虽以和谐为基础，却具有较高较自由的主体性，而所表现的也正是这种较高较自由的主体性。单纯的和谐一般地既不能现出主体的生气灌注，也不能现出心灵性，尽管从抽象形式方面看，它已属于最高级而且已在接近自由的主体性。

这些就是在各种抽象形式里可以看到的抽象统一的初步原则。

选自《美学》，朱光潜译，商务印书馆 1981 年版

审美教育书简

（第9封信）

【德】席 勒

【阅读提示】

席勒(1759—1805)，美学家。著作《审美教育书简》第一次提出“美育”概念，并对美育性质、特征和社会作用作了系统阐述，形成了相对独立的美育理论体系，被视为“第一部美育的宣言书”。席勒主张通过美育改变人性分裂的状态，重塑感性与理性统一的完美人格，以实现由审美王国进入自由王国的社会理想。

然而，理论的修养应带来实践的修养，实践的修养又是理论修养的条件，这不是一种循环吗？政治方面的一切改进都应从性格的高尚化出发——但是，在一个野蛮的国家宪法的影响下，性格怎么能够高尚化？因此，为了这个目的，必须找到一种国家不能给予的工具，必须打开尽管政治腐败不堪但仍能保纯洁的泉源。

现在我要谈谈我迄今为止的研究所要阐述的那一点了。这个工具就是美的艺术，这些泉源就是在美的艺术那不朽的典范中启开的。

艺术跟科学一样，与一切积极的存在①和一切人的习俗都没有瓜葛，两者都享有绝对的豁免权，不受人的专断。政治立法者可以封闭科学与艺术的领域，但不能在其中实行统治。他可以放逐爱好真理的人，但真理仍然存在；他可以凌辱艺术家，但不能伪造艺术。诚然，这是最平常的道理，科学与艺术两者都效忠于时代精神，创造趣味从判断趣味那里接受法则。什么时候性格变得紧张而冷酷，我们就会看到，科学严守它的界限，艺术在规则的沉重枷锁下行进；什么时候性格变得疲软而松弛，科学就

① 即现存的现实。——译注

竭力取悦于人，艺术就竭力供人取乐。有史以来，哲学家和艺术家就表明他们是在致力于把真和美注入芸芸众生的心灵深处，哲学家与艺术家在世间消亡，但真与美却以自己的不可摧毁的生命力在斗争中胜利地向上发展。

艺术家固然是时代之子，但如若他同时又是时代的学徒或时代的宠儿，那对他来说就糟了。一个仁慈的神及时地把婴儿从他母亲的怀中夺走，用更好时代的乳汁来喂养他，让他在远方希腊的天空下长大成人①。当他变成成人之后，他—— 一个陌生的人——又回到他的世纪，不过，不是为了以他的出现来取悦他的世纪，而是要像阿伽门农的儿子那样，令人战栗地把他的世纪清扫干净。他虽然取材于现在，但形式却取自更高贵的时代，甚至超越一切时代，取自他本性的绝对不可改变的一体性。这里，从他那超自然天性的净洁的太空，向下淌出了美的泉流；虽然下面的几代人和几个时代在混浊的漩涡里翻滚，但这美的泉流并没有被它们的腐败玷污。时代的爱憎对于他的材料可以昨天恭维、今天污蔑，但纯洁的形式却不受这种爱憎变化的影响。一世纪的罗马人已经在皇帝前面下跪，而众神还巍然矗立；当群神早已成为人们取笑的对象时，神庙在人的眼里仍然是神圣的；宫殿本来是用以掩饰尼禄和康茂德的卑鄙行径的，但宫殿的高贵风格却使那些行径感到羞愧。人丧失了他的尊严，艺术把它拯救，并保存在伟大的石刻中；真理在幻觉中继续存在，原型从仿制品中又恢复原状。正如高贵的艺术比高贵的自然有更长的生命一样，在振奋精神方面，它也走在自然的前边，起着创造和唤醒的作用。在真理尚未把它的胜利之光送到人的心底深处之前，文学创作力已经捉住它的光芒；虽然潮湿的黑夜尚存在于山谷之中，但人类的顶峰即将大放光辉。

但是，艺术家是如何防范从各方面包围他那个时代的腐败的呢？他蔑视时代的判断。他是向上仰望他的尊严和法则，而不是向下瞧着幸福和需要。他既摆脱了那种乐于在转瞬即逝的瞬间留下自己痕迹的虚夸的“经营”，也摆脱了那种急不可待地要把绝对的尺度运用到贫乏的时代产物上面的狂热，他把现实的领域交给以此为家的知性，但是，他也努力从可能与必然的联系中创造理想。他的这种理想，是用“幻觉”和真理塑造的，是用他想象力的游戏和他事业的严肃铸造的，是用一切感官的和

① 指意大利之行对歌德产生的影响。1786 年歌德逃离鄙陋的魏玛大公国，来到意大利，研究古希腊的艺术。时隔一年零九个月，于 1788 年回国，在艺术上获得新生。——译注

精神的形式刻画出来的，并且不声不响地把它投入无限的时间之中。

但是，并不是每个在灵魂中有这种炽热理想的人，都有创造的冷静和伟大的耐心，把这种理想刻入无言之石或灌铸成质朴的文字，交托给时代的忠实之士。神圣的创造冲动往往过于急躁，不肯信步于这种冷静的手段中间，而要直接冲向眼前的时代和现实的生活，改造道德世界中尚无形式的材料。同胞的不幸使有感觉的人坐卧不安，而同胞的堕落更使他觉得事情紧急。于是，像一团火一样的热情油然而生，炽热的要求在强有力的灵魂中急不可待地要变成行动。然而，他了解吗？道德世界的这种混乱到底是伤害了他的理性，还是刺痛了他的自爱心？假使他不知道这一点，就只能靠他用以追求一种特定的、立竿见影的效果的那种热忱来识别它。纯粹的道德冲动是以绝对为目标，对它来说时间是无所谓的，只要未来必然地从现在发展而来，未来对它来说就变成了现在。在不受任何限制的理性面前，方向同时也是成功，路刚一走，就已经在身后边了。

热爱真与美的青年要想从我这里知道，在时代从各方面进行抵抗的情况下，他胸中高尚的冲动如何才能得到满足。我的回答是：假使你给你要影响的那个世界指出一个向善的方向，时代平静的节奏就会带来发展；倘若你通过教诲把这个世界的思想提高到必然和永恒，倘若你通过行动或者创造把必然和永恒变成这个世界的冲动的一个对象，你就已经给它指出了这样的方向。妄想和任性的大厦将要倒塌，而且必须倒塌，只要你确信它已倾斜，它就已经倒塌。不过，它必须在人的内心里，而不是在人的外表中倾斜①。你要让必胜的真理在贞洁肃穆的内心中壮大发展，要用美从你身上显示出这种必胜的真理，从而不仅思想敬重它，感官也怀着爱去捕捉它的表现。为了避免从现实中接受本应由你给予它的范例，在你还没有确信在你心中已有一个理想的随从之前，你切勿冒险地冲向令人担心的现实社会。你要同你的时代一起生活，但不要做它的宠儿；你献给你同时代人的应是他们所需要的，而不是他们所赞美的。你虽不曾有过他们的过错，但要以高尚的忍让分担他们所受的惩罚，自愿地屈从于他们既不善于舍弃、又不善于承担的羁绊。你以坚贞的勇气鄙弃他们的幸福，用这种勇气向他们证明，你并不是由于怯懦才承受他们的苦难。如果你要影响他们，你就得想他

---

① 具有强烈灵魂冲动力的人可以从内心里超越妄想与任性，从而它们也就失去了统治人的力量。——译注

们应该是什么样；如果你要替他们行动，你就得想他们是什么样。他们的称赞应来自他们的尊严，他们的幸福你要看作是他们的卑劣，只有这样，你自己的高尚才会激起他们的高尚，而他们的卑劣也不会毁灭你的目的。你那些严肃的原则会把他们从你身边吓走，但在游戏中他们还是可以忍受这些原则的。他们的趣味比他们的心更纯洁一些，因而在这方面你必须捉住那些胆小的逃跑者。你攻击他们的准则是徒然的，你咒骂他们的行为也是徒然的，但你可以在他们闲散的时候试试你的创造的本领。你要把任性、轻浮和粗野从他们的娱乐中排除出去，从而你也就能够不知不觉地把这一切从他们的行动中，最终从他们的意向中驱除出去了。不管你在什么地方遇到他们，你都要以高尚的、伟大的、精神丰富的形式把他们围住，四周用杰出事物的象征把他们包围，直到假象胜过现实，艺术胜过自然为止。

选自《审美教育书简》，冯至、范大灿译，上海人民出版社 1985 年版

教育意味着完整的人的发展

【瑞士】裴斯泰洛齐

【阅读提示】

裴斯泰洛齐(1746—1827),教育家。认为教育不能只是灌输书本知识,必须适应人的自然本性,发展人的内在能力。主张对美和秩序的辨别力是儿童的重要心智能力,为此要对儿童全面进行“心的教育——手的教育——头的教育”,而“心的教育”是所有教育的基础,提出教育的简化原则和“教育要素”的思想,重视以心理学为基础的教学艺术。

1. “要素方法”的问题,就是如何使人的才能和能力的培养与大自然的顺序相一致。我多多少少觉察到了这一问题的全部重要性,已花费了后半生的很大一部分精力努力解决它。

2. 如果我们想知道这个方法的内涵,我们首先必须明白人的本性意味着什么。它固有的本质是什么,它所显示的特点是什么?很清楚,我们人类与其他动物共有的才能和能力并不是人的最本质的东西。相反地,这些本质也不在于人类是一种有不同于动物所特有的才能和精力的聚积体,人的本质既不是我的容易腐烂的肉体,也不是我的感官欲望,而是我的道德与宗教信仰的才能,我的智慧和实践的才能。这些力量在我的内部构成了人性。

那么可以说,“要素方法”问题就是遵循大自然的秩序,使人的头脑、心灵和手这些特有的能力得以展开和发展的问题。所谓和大自然相一致,意思是不断地使我们的动物本性从属于更高级的人类所特有的要求(神性作为这些特有的要求存在于人的基本的本性之中)……简言之,使肉体从属于心灵。

进一步说，由技巧所助长的这一发展进程的每一尝试，都要以大自然本身所获取的生动的和多少带有清晰性的感觉过程为其先决条件。

这个过程是由各个不同才能构成中固有的永恒规律所决定的。在规律内部，它们是跟有利于人的发展的一种不可遏制的力量有密切关系的。时机一到，这种力量就驱使我们向前。凡是我们能感觉到的，我们就决意去做。这不可能是其他性质的东西，而是这种潜在倾向的力量。

3. “我能”这种感觉，作为进步的一个条件，是我们人类存在的一条规律，但是这一规律的特殊形式，则随着和它有关的每一才能的特点而变化。尽管形式多样化，但不会失掉统一性，因为它们是从统一性发源的——人性的统一性。仅仅当它们的和谐得到保持时，它们才和人性相一致。相反地，只有所影响于人的是一个不可分割的整体，那个词(指“我能”——译者)才具有我们所理解的教育意义。它必定涉及手和心灵及头脑。偏向哪一部分都不能有令人满意的效果。孤立地只考虑发展任何一种才能(头脑或心灵或手)，都将损害和毁坏人的天性的均衡。它意味着使用非自然的训练方法产生片面发展的人。仅仅注重道德与宗教教育，或仅仅注重智力教育，都是错误的。

4. 仅仅使人性的某一方面特殊地发展，这是不正常的、错误的。它就像吹奏铜管，敲击铙钹所发出的声音，是空的，不真实的。教育要名副其实，必然是努力使人的完善能力得到完满的发展。

人类才能的整体性是种族的神圣而永恒的天赋。着重这个整体性是教育成功的基本条件。“上帝已把它结合，别让人再把它分开。”谁在教育实践中漠视这一原则，不论用什么方法，只能使我们成为不完全的人，在这种人身上是找不到满意的结果的。

5. 此类特殊发展的人是一种自我蒙蔽的牺牲品。他们不知道自己的弱点和缺陷。由不同的方法教育出来的人们严重地束缚着他们。无论是过分的感情的发展，或是过分的智力发展，缺乏平衡都会导致最终的失败。

家庭和公民的幸福终究是要依靠精神因素的，没有它，所要求的家庭与公民生活的实际质量就只是危险的幻觉。它们会导致各种不满意的品质，产生不健康的情感、不平之气和所有各种各样的分歧。

选自《裴斯泰洛齐教育论著选》，夏之莲等译，人民教育出版社 2001 年 5 月版

典论·论文

【魏】曹　丕

【阅读提示】

曹丕(187—226),文学家。《典论·论文》是中国文学批评史上第一部文学专论。《典论》全书大多已经散佚,只剩下残章断简,《论文》由于被选入《昭明文选》而得以完整保留下来。魏晋时代开始"文的自觉",曹丕是开路之人。他主张从文的本体论出发,提出"文以气为主"的命题,强调创作主体的天赋、个性、才能。这种凸显文章自身审美价值的"文的自觉"与"人的觉醒"均为魏晋风度。

文人相轻,自古而然。傅毅之于班固,伯仲之间耳,而固小之,与弟超书曰:"武仲以能属文为兰台令史,下笔不能自休。"夫人善于自见,而文非一体,鲜能备善,是以各以所长,相轻所短。里语曰:"家有弊帚,享之千金。"斯不自见之患也。

今之文人:鲁国孔融文举、广陵陈琳孔璋、山阳王粲仲宣、北海徐干伟长、陈留阮瑀元瑜、汝南应玚德琏、东平刘桢公干,斯七子者,于学无所遗,于辞无所假,咸以自骋骥騄于千里,仰齐足而并驰。以此相服,亦良难矣!盖君子审己以度人,故能免于斯累,而作论文。

王粲长于辞赋,徐干时有齐气,然粲之匹也。如粲之《初征》《登楼》《槐赋》《征思》,干之《玄猿》《漏卮》《圆扇》《橘赋》,虽张、蔡不过也,然于他文,未能称是。琳、瑀之章表书记,今之隽也。应玚和而不壮,刘桢壮而不密。孔融体气高妙,有过人者,然不能持论,理不胜辞,至于杂以嘲戏。及其所善,扬、班俦也。

常人贵远贱近,向声背实,又患暗于自见,谓己为贤。夫文本同而末异,盖奏议宜雅,书论宜理,铭诔尚实,诗赋欲丽。此四科不同,故能之者偏也;唯通才能备其体。

文以气为主，气之清浊有体，不可力强而致。譬诸音乐，曲度虽均，节奏同检，至于引气不齐，巧拙有素，虽在父兄，不能以移子弟。

盖文章，经国之大业，不朽之盛事。年寿有时而尽，荣乐止乎其身，二者必至之常期，未若文章之无穷。是以古之作者，寄身于翰墨，见意于篇籍，不假良史之辞，不托飞驰之势，而声名自传于后。故西伯幽而演易，周旦显而制礼，不以隐约而弗务，不以康乐而加思。夫然，则古人贱尺璧而重寸阴，惧乎时之过已。而人多不强力；贫贱则慑于饥寒，富贵则流于逸乐，遂营目前之务，而遗千载之功。日月逝于上，体貌衰于下，忽然与万物迁化，斯志士之大痛也！

融等已逝，唯干著论，成一家言。

选自《昭明文选》

【译文】

文人互相轻视，自古以来就是如此。傅毅和班固两人文才相当，不分高下，然而班固轻视傅毅，他在写给弟弟班超的信中说："傅武仲因为能写文章当了兰台令史的官职，(但是却)下笔千言，不知所止。"大凡人总是善于看到自己的优点，然而文章不是只有一种体裁，很少有人各种体裁都擅长的，因此各人总是以自己所擅长的轻视别人所不擅长的，乡里俗话说："家中有一把破扫帚，也会看它价值千金。"这是看不清自己的毛病啊。

当今的文人，(也不过)只有鲁人孔融孔文举、广陵人陈琳陈孔璋、山阳人王粲王仲宣、北海人徐干徐伟长、陈留人阮瑀阮元瑜、汝南人应玚应德琏、东平人刘桢刘公干等七人。这"七子"，于学问(可以说)是(兼收并蓄)没有什么遗漏的，于文辞是(自铸伟辞)没有借用别人的，(在文坛上)都各自像骐骥千里奔驰，并驾齐驱，要叫他们互相钦服，也实在是困难了。我审察自己(之才，以为有能力)以衡量别人，所以能够免于(文人相轻)这种拖累，而写作这篇论文。

王粲擅长于辞赋，徐干(文章)不时有齐人的(舒缓)习气，然而也是与王粲相匹敌的。如王粲的《初征赋》《登楼赋》《槐赋》《征思赋》，徐干的《玄猿赋》《漏卮赋》《圆扇赋》《橘赋》，虽是张衡、蔡邕也是超不过的。然而其他的文章，却不能与此相称。陈琳和阮瑀的章、表、书、记(几种体裁的文章)是当今特出的。应玚(文章)平和但(气势)

不够雄壮，刘桢（文章气势）雄壮但（文理）不够细密。孔融风韵气度高雅超俗，有过人之处，然而不善立论，词采胜过说理，甚至于夹杂着玩笑戏弄之辞。至于说他所擅长的（体裁），是（可以归入）扬雄、班固一流的。

一般人看重古人，轻视今人，崇尚名声，不重实际，又有看不清自己的弊病，总以为自己贤能。大凡文章（用文辞表达内容）的本质是共同的，而具体（体裁和形式）的末节又是不同的，所以奏章、驳议适宜文雅，书信、论说适宜说理，铭文、诔文崇尚事实，诗歌、赋体应该华美。这四种科目文体不同，所以能文之士（常常）有所偏好；只有全才之人才能擅长各种体裁的文章。

文章是以“气”为主导的，气又有清气和浊气两种，不是可以出力气就能获得的。用音乐来作比喻，音乐的曲调节奏有同一的衡量标准，但是运气行声不会一样整齐，平时的技巧也有优劣之差，虽是父亲和兄长，也不能传授给儿子和弟弟。

文章是关系到治理国家的伟大功业，是可以流传后世而不朽的盛大事业。人的年龄寿夭有时间的限制，荣誉欢乐也只能终于一身，二者都终止于一定的期限，不能像文章那样永久流传，没有穷期。因此，古代的作者，投身于写作，把自己的思想意见表现在文章书籍中，就不必借史家的言辞，也不必托高官的权势，而声名自然能流传后世。所以周文王被囚禁，而推演出了《周易》，周公旦显达而制作了《礼》，（文王）不因困厄而不做事业，（周公）不因显达而更改志向。所以古人看轻一尺的碧玉而看重一寸的光阴，这是惧怕时间已经流逝过去罢了。多数人都不愿努力，贫穷的则害怕饥寒之迫，富贵的则沉湎于安逸之乐，于是只知经营眼前的事务，而放弃能流传千载的功业，太阳和月亮在天上流转移动，而人的身体状貌在地下日日衰老，忽然间就与万物一样变迁老死，这是有志之士痛心疾首的事啊！

孔融等人已经去世了，只有徐干著有《中论》，成为一家之言。

第三辑

叩响现代之门（上）

致卡西米尔·乌尔利希·伯伦多夫

【德】荷尔德林

【阅读提示】

荷尔德林(1770—1843),诗人。荷尔德林的诗被评论家称为“蕴含着诗的规定性而特地诗化了诗的本质”,是“人类理想的颂歌”。他在一种别具一格的意义上乃是诗人的诗人。他主张对一代新人进行教育,亲近艺术和大自然,使他们的个性得到全面而和谐的发展,提出“谁若不曾是完美的儿童,也就很难长成完美的男子汉”。

我的挚友!

很久没有给你写信了。在这期间,我在法国呆了一段时间,目睹了这片悲惨荒凉的土地,眼见了法国南部的牧人,一个个美丽的女子,男男女女,全都在爱国主义的疑惑的恐惧中,忍饥挨饿长大成人。

自然强暴的威力,天国的火焰,人们的沉寂,他们在自然中的生活,他们心胸眼界的狭隘与自得其乐,这些现象时时令我激动困惑不已,用人们从英雄那里学来的说法,我可以说,阿波罗把我击败了。

在毗邻旺岱的地区,我对于那种野性的、好斗的气质很感兴趣。在人们的眼睛与四肢里,无不散发着生命的光芒,透出一种纯粹的男子汉气概。在死亡的感觉中,一如在一种精湛的艺术中,男子汉气概感觉到了自己,并满足了自己求知的欲望。

南方人那种颇具古代希腊精神的遗风孔武有力,使我更加熟悉希腊人真正的本质;我认识了他们的天性和智慧,他们的体魄,以及他们适应他们的气候的方式,了解了他们借以防止自然的暴力过分恣意纵横的法则。

这种情形注定了希腊人必定声名显赫,以及他们那种兼收并蓄并与之交流的方式。正是在这一点上，得以见出希腊人个性的特质。倘若希腊人所理解的最高的理智便是反思的力量的话，这种特质就显得生机盎然。假如我们理解了希腊人体魄强健的奥秘所在，那么我们理解这一点就很容易了；希腊人的方式是柔美，如同我们的是名声一样。

古希腊文化的风貌给了我一个印象，不仅使我更加理解古希腊人，而且甚至使我对于艺术的最高境界理解得更为透彻。使所有概念和严肃的目的最大限度地运动起来，并把它们化为现象。在这个过程中，艺术站在原地不动就获得了一切，而且只是为了自身而得到这一切。所以在这个意义上，稳定就是符号最高级的方式。

历经种种情绪的波动和灵魂的颤抖之后，我现在亟须稳定一段时间，目前我住在家乡。

我越是研究故乡的自然，故乡的大自然就越使我激动。暴风雨也不仅仅以其翻天覆地的力量使人心惊胆战，而恰恰正是在这一点上，在天国的各种形式中，见出其威力与形态；光亮也富有我们民族的韵味，形成了我们的原则和命运的方式。这个光来了又去了，它的这个渴望对于我们于是便成为神圣的。故乡的森林的性格，大自然形形色色的性格汇聚于一地，地球上的所有圣地都是围绕着一个地方的；映照着我的窗棂的哲学之光，是我现在唯一的乐趣；让我记住，我是怎样来到此地的！就此止笔吧！

亲爱的！我认为，我们时至今日仍然无法解释诗人，歌唱吟咏的方式色彩斑斓、性格各异；我认为，我们的诗因此定会繁荣昌盛，因为自希腊人至今，我们的歌又开始充满祖国和自然的情调，真正具有独创性。

盼你的信。我想听听你纯美的音调。身处知己之中的心情，交谈与通信中思想的产生，对于艺术家是必不可少的。否则我们自己的思想将枯竭，而且思想将只属于我们创造的神圣图景。

再见。

你的

荷

选自《现代性中的审美精神——经典美学文选》，刘小枫主编，学林出版社 1997 年版

诗歌与音乐

【德】布伦坦诺

【阅读提示】

布伦坦诺(1838—1917),哲学家。布伦坦诺认为,在自然科学中,知识意味着力量;而在现实面前,哲学却显得如此苍白无力。哲学应该重新深思自己的目的与使命,应当关心人的现实生活,关乎人的心灵。他主张哲学应该像自然科学一样"严谨"和"精确"。他指出了情感与理性作为人的认识机制的有机联系,二者并非简单对立,而可以真正达到高度统一。

如果将艺术和艺术进行对比,则先要把探索主观上令人喜爱的事物和探索给予较高价值想象的事物两个问题分开。对于第一个问题不同人有不同的看法。至于第二个问题肯定要把诗歌放到最高位置,然后是造型艺术,把它们作为统一体来看,音乐则相对显得低级。

诗歌和语言符号联系在一起,却与它们及其节奏和音调关系不大,以至于一篇诗作可以顺利地翻译成另一种语言。从声响音素对于美同样有作用而言,诗歌是和音乐相亲的。对一个天生的聋哑人,图示的符号可以被代替,所以图示符号的语言也可以翻译。这样,一个聋哑人即使学会读原文,也只是占有一种翻译,因为不是声音成分告诉他字母与思想和想象的联系。

与一件其他种类艺术作品相联系的联想越多,就像诗歌激发联想那样,就越是被称为诗一般的,一切有深刻内容的艺术作品都是诗一般的;但绘画和雕塑远远超过音乐。

对音乐和建筑本身进行对比,优越性也是在建筑方面,三维空间使建筑远为丰富多彩，并能同时容纳大量内容。音乐天生渴望一定的音程。（值得注意的是多、来、咪等按一定的亮度音程重复。音阶的形成，全音阶的、半音阶的、非欧洲民族的音阶）。音乐有完善的休止和单一的强度差别，建筑则像所有用到眼睛的艺术一样，由于代表性的黑色，没有完善的休止，只有相对的强音差别。音乐在音阶的挑选之后有大四倍的音质。其余的在音的洗炼和音色方面也值得考虑。建筑则有少量更大饱和的色质。

如果把风景在视觉上的自然美——日落、暴风雨等等都包括在内——与泉水叮咚、波涛汹涌、树梢飒飒作响等风景的声响魅力对比的话，就会承认眼睛所见的优势。与此类似，建筑在它所能做到的方面胜过音乐。还要注意到，服装、首饰等之美属于建筑。

在歌咏中音乐与诗歌相结合。在希腊庙宇中，在罗马式和哥特式大教堂中，绘画和雕塑与建筑艺术相结合。这里诗歌、绘画和雕塑是次要的。要注意到，哥特式风格是如何与人体和动物体发生关联的！这种从属性是合理的，因此布鲁内莱斯基因为圣·洛伦佐的城门对多那太罗表示不满，多那太罗没有像吉贝尔蒂在巴蒂斯代罗那样维护这种从属性。

在绘画中我们也看到一种建筑艺术上的布局，这里是建筑附属于绘画。

类似的还有朗诵时诗歌的音乐要素，因为不可否认，朗诵的魅力无论如何是属于音乐魅力的。如果因为朗诵不是按音阶的一定间隔运动就不想承认这一点，那么根据同样的理由，就得把特殊乐器和人的嗓音本身所特有的音色的魅力抹煞。那么就会有多少显露出大师的天才的东西丧失！

但是如前已述，在音乐（歌咏）中，朗诵从属于其音乐效果，而在单纯的诗朗诵中，朗诵则从属于诗的内容。配有非常平庸乏味的歌词的歌子唱起来可以令人陶醉。至于我们在绘画中一般要求的和可以称为“建筑艺术”的魅力，也是类似的情况：布局的对称、色彩的和谐、它们的平衡、它们的均匀等等。诗歌中的其他东西也可以说是音乐的修整（对称、对仗、节奏、韵脚）。

如果说在朗诵中由于借助于和比绘画更高级的艺术相结合而达到了比建筑更高的音乐效果的话，那么它在歌咏中所取得的成绩，因为这儿是诗歌附属于音乐，就不像雕塑和绘画紧密结合到建筑物上时更高级的造型艺术在建筑中所取得的成绩那么大。占主导地位的艺术的优势在这里起着决定性作用。

所以人们不把朗诵看成音乐,而是当作诗歌。画家构图中的对称和色调的和谐不算是建筑,属于绘画和雕塑。在唱歌时人们可以也应当断然把歌词划入音乐,在庙宇山墙和教堂大门等上面雕塑可算作建筑。可是不能说音乐开始于用固定音程造成的效果。否则在速度和轻重上颇有规律的打鼓的效果又算作什么呢?或许只能把它划归舞蹈和队列行进艺术了。但即使没有它也有鼓声咚咚,那么它作为信号就该是在某种程度上对符号语言的美化。也许应该说,除了主要艺术以外,还有大量别的个体说来不重要的艺术,以便一种特殊的命名有理由存在。艺术作为有意识的追求达到了使事物在显现的任何含义上令人喜爱的程度。

音乐究竟是精神上的联想为主还是只占一部分?常有人认为,它完全在于丰富多样的方式的比例和组合,在于听众密切注意的声音的激烈和舒缓。

后一种观点正确吗?假如正确的话,则音乐类似于许多建筑作品;它含有某种美,但却是一种低级的美。它实际上比包含着极丰富的精神想象的其他许多艺术要低得多。然而看来许多人并不这样想。

蒂克说:"甜蜜的爱在声音中思索。"

莎士比亚说:"倘若音乐是爱情的营养,那就继续演奏下去吧。"又说:"不喜爱音乐、对悦耳声音的和谐无动于衷的人真不幸!回避他!"

许多由音乐家本人为他们的作品冠上的标题也反对这一点,例如贝多芬的英雄交响曲和韩德尔的塞西利亚交响曲等等。

有人会指出柏拉图曾反对某些种类的音乐。但是对其他种类的音乐他却说,它们是教育的出色手段,甚至在伦理学方面。如果不是精神上的想象与其相联系,音乐怎么会起这样的作用?

有人可能反驳,同一个曲子可以配上不同的歌词。我们的回答是:这种适应性是受到限制的;歌词和曲子这样配合较为令人满意,下一次就会差一些。是的,甚至对节奏都要求适合于歌词。由此可见,单是音乐本身并不能完成唤起精神上的联想这一较高的效果,它必须与其他艺术尤其是与诗歌相结合。否则就只有了解现在作曲家脑海中思想的人才能完全清楚明白。在不定之中看到较大的自由与长处,这是一种不明智的观点;许多最了解艺术的一般条件的艺术家都抱怨音乐与诗歌的分离。

……

音乐和诗歌之间最密切的结合是在歌咏中,这里精神上的联想特别重要。诚然建筑在与象征的统一中应显示出一种模拟，例如一座教堂平面图的十字架，但这只是借助两种艺术的结合而唤起精神上的联想的一种单薄的代用品。

从音乐的天然表现能力可以得出结论，它能够以出色的方式通过精神上的联想起作用。从与音乐的质相联系的直接而本能的愉悦和反感中产生出一种强有力的支持，支持与精神相结合的、以另外的方式产生的、本身被认为是正确的快乐及悲伤。

选自《现代性中的审美精神——经典美学文选》，刘小枫主编，学林出版社1997年版

语言与艺术

【德】卡西尔

【阅读提示】

卡西尔(1874—1945),哲学家。卡西尔强调艺术是生命形式的符号化表达,读者通过阅读参与艺术家的创造过程,从而更新自己的生命。审美价值的本质不仅是要激发起某种情感,而是要由所激发的情感洞见这种情感的本质,洞见一种生命形式,再由这种生命形式去统承由艺术所产生的激情,从而达到一种自由自主的境界,最终实现生命的解放。

克罗齐说语言和艺术是同一的,因为他在两者中发现了有决定意义的同一特征。这特征用他的术语就叫做抒情风格。按照克罗齐的说法,每一个成功地表现了自己的思想或情感的人都是一种诗人,我们本来都是抒情诗人。然而字词的表达,通过言语符号的表达并不等同于抒情的表达。抒情诗中给我们印象最深的不仅是意思、词汇的抽象意义,而是音响、色彩、旋律、和谐;是语言的协调一致。

伟大的抒情诗人华兹华斯把诗定义为“强烈情感力量的自发外溢”。但仅是情感力量或仅是情感外溢不能创造出诗来。自我情感的丰富充沛仅是诗的一个要素和契机,并不构成诗的本质。丰富情感必须由另外的力量,由形式力量控制和支配。每一言语活动都包含着形式力量,都是它的直接证据。但是我们日常语言与抒情表达的趋向不同,当然甚至普通言语都可以包含而且确实包含着一定的抒情因素。

……

但是我们一进入审美领域,我们的一切语词就好像经历了一个突变。它们不仅有抽象的意义,这些词好像还融合着自己的意义。如果一个实业家,比方说一个工程师，希望建一条铁路或者一条运河，给我们描绘了一区域；或者一个地理学家或地质学家为了理论的目的用科学术语描绘同一地区，这些描述与审美的表达方式，与抒情诗或风景画是有天壤之别的。实业家、地理学家或地质学家只对经验事实、对物理事物或性质感兴趣。艺术家无视这些性质，他全神贯注于事物的纯形式之中，直观事物的直接外观。他不把自然作为物理事物的聚集或作为因果的链条来理解，但是他也很少把自然作为主观现象，作为感知总和来看待。

关于一般的感知，我们可以在一定程度上接受伤感主义的理论，我们可以像休谟那样说，每一观念都是印象的模本。但是在艺术经验中，这个理论破产了。事物的美不是一个仅用消极的方式来就知觉和享受的属性。为了理解美，我们总是需要一种基本的活动。一个人心的特殊能力。在艺术中我们不是对外来刺激作简单的反映，不是简单地再造我们自己头脑的叙述。为了欣赏事物的形式，我们必须创造它们的形式。艺术是表现，但它是一个积极的而不是消极的表现方式，它是想象，但它更是创造的而不仅仅是再造的想象。

艺术的情感是创造的情感，但在这种情感是我们生活在形式的生活中感受的情感。每一形式都不仅是一种静态存在，而是一种动态力量，一种它自身的动态生命。在艺术品中感受到的光色、质量、重量与在日常生活中对这些东西的感受截然不同。在日常经验中，我们把它们看作现成的感觉材料，我们用逻辑思想或经验推断加工感觉材料建立起物理世界的、外部世界的概念。而在艺术中，不仅我们感性经验范围扩大了，而且是我们对现实的景象和景色的看法也发生了变化。我们用一种新的眼光，用一种活生生的形式媒介来看待现实。普罗丁在他论美的文章中说：菲迪亚斯在创作宙斯雕像时，他创造的这个神的形式简直就和宙斯自己选择的形式毫无二致。假如宙斯决定以人的形象出现的话，他就是这个样子。菲迪亚斯能够给死的大理石灌注进神的生命气息，因为对他来说，作为一个伟大的雕刻家，大理石本身就不是死的材料，不是一块质料，而是充满了内在生命，充满了生命运动和能力。

……

一切伟大的诗人都是伟大的创造者，不仅在其艺术领域是如此，而且在语言领域也是如此。他不仅有运用而且有重铸和更新语言使之形成新的样式的力量。意大利语，英语和德语在但丁、莎士比亚和歌德死时与他们生时是不相同的，这些语言由于但丁、莎士比亚和歌德的作品经历了本质性的变化，这些语言不仅为新的词汇所丰富,也为新的形式所丰富。但诗人不能完全杜撰一种全新的语言,他须得尊重自己语言的基本结构法则,须得采用其语法的、语形的和句法的规则。但是在服从这些规则的同时,他不是简单地屈从它。他能够统治它们,能将之转向一个新目的。

每一诗人的作品在一定意义上都可以和那些试图找到哲学家的宝石的炼金术士的作品相比较。诗人好像是把普通言语之石点化为诗歌之金。我们在但丁或阿里奥斯托的每一段诗中,在莎士比亚的每一出悲剧中,在歌德和华兹华斯的每一抒情里,我们都可以发现这种点石成金的天赋。他们的一切都有其特殊的声音。有其带特征的韵律,有其无与伦比的、令人难忘的旋律。也就是说,他们每一个都为特殊的诗的氛围所环绕。莱辛在《汉堡剧评》中说:要偷莎士比亚的诗句就像偷赫丘利的神棒一样不可能。莎士比亚的每一诗句都有其心灵的印记。它不能外借,也不能被其他诗人挪用。更令人吃惊的事实是,莎士比亚决不重复,他不仅说一些以前闻所未闻的语言,而且他的每个人物都讲带着具有自己个性特征的语言。在《李尔王》和《麦克白》中,在《科利奥兰纳斯》和《奥赛罗》中,在《布鲁图斯》和《哈姆雷特》中,在朱丽叶和苔丝德蒙娜那里,在比阿特丽斯和罗莎琳德那里,我们听到的是个性语言,是像个体灵魂的镜子般的个体声音。

能够如此,因为诗人有一种特殊的禀赋,能把日常语言的抽象的一般的名称掷进诗的想象的熔炉,铸出新的样式。由此他能够表现一切具有无限细微差别的情感,欢乐和悲伤,愉悦和苦恼,绝望和狂喜等等,别的表达方式不可及的和说不出的微妙情感。诗人不仅用词汇描绘,他激起了、形象地显现了我们最深的情感,这是诗的特权,同时也是诗的局限。由此可知,我们称为诗的意境的东西,是不能和他的形式区别开来的。雪莱在《诗之辩护》中说:“因此,翻译是徒劳无益的。寻求把诗人的创造从一种语言注入另一种语言,其聪明不亚于把一束紫罗兰投进熔炉,以便使你可以发现它的颜色和香味的公式原理:该植物必须从种子再生长出来,否则它决不能开花——这是一个通天塔般的灾难性负担。”

选自《现代性中的审美精神——经典美学文选》,刘小枫主编,学林出版社 1997 年版

论音乐的美

【奥地利】爱德华·汉斯立克

【阅读提示】

爱德华·汉斯立克(1825—1904),音乐家。汉斯立克有着极为丰富的音乐实践,在音乐史、音乐理论和作曲学等方面也具有高度文化造诣。他主张音乐的美是一种基于自身形式的美,认为音乐的内容就是乐音的运动形式。他从未否认过音乐跟情感有着紧密的联系,音乐效果在于音乐所引起的情感,但他反对在情感内涵中寻找音乐作品的美。

到现在为止,我们还只是从否定的方面进行探讨,只是试图驳斥一个谬误的前提,即主张音乐的美在于情感的表现上这个说法。

现在我们要在前面的轮廓上添加正面的内容,回答音乐创作的美具有什么样的性质这个问题。

音乐美是一种独特的只为音乐所特有的美。这是一种不依附、不需要外来内容的美,它存在于乐音以及乐音的艺术组合中。优美悦耳的音响之间的巧妙关系,它们之间的协调和对抗、追逐和遇合、飞跃和消逝,——这些东西以自由的形式呈现在我们直观的心灵面前,并且使我们感到美的愉快。

音乐的原始要素是和谐的声音,它的本质是节奏。对称结构的协调性,这是广义的节奏,各个部分按照节拍有规律地变换地运动着,这是狭义的节奏。作曲家用来创作的原料是丰富得无法想象的,这原料就是能够形成各种旋律、和声和节奏的全部乐音。占首要地位的是没有枯竭,也永远不会枯竭的旋律,它是音乐美的基本形象(grundgestalt);和声带来了万姿千态的变化、转位、增强,它不断供给新颖的基础;是节奏使二者的结合生动活泼，这是音乐的命脉，而多样化的音色添上了色彩的魅力。

至于要问，这些原料用来表达什么呢？回答是：乐思（Musikalische Ideen）。一个完整无遗地表现出来的乐思已是独立的美，本身就是目的，而不是什么用来表现情感和思想的手段或原料。

音乐的内容就是乐音的运动形式。

音乐用什么方式带来优美的形式而不具有确定的情绪的内容，对这问题造型艺术中装饰术的一种：阿拉贝斯克已经仿佛为我们作了说明。我们见到一些弧形曲线，有时轻悠下降，有时陡然上升，时而遇合，时而分离，这些大大小小的弧线相互呼应，好像不能融合，但又构造匀称，处处遇到相对或相辅的形态，是各种微小细节的集合，又是一个整体。让我们想象一幅阿拉贝斯克，不是静止死寂的，而是正在我们眼前展开、不断自我形成的东西。强劲细致的线条相互追逐，从微小的转折上升到卓越的高度，却又下降，伸展开来，回缩过去，平静和紧张状态之间巧妙的交替使观者不断地感到惊讶。这样一想，这幅图画就已经高超一些、尊严一些了。最后，让我们把这幅活起来的阿拉贝斯克想象为一个艺术家精神活动的积极流露，他把自己丰富的幻想力全部不断地注入这一运动的线脉中去，这样的一种印象不是与音乐的印象有些相似么？

我们在孩童时期大概都欣赏过有各种颜色和形状变化的万花筒。音乐就是这样一个万花筒，只不过它处在比万花筒高超万倍的理想境地里。音乐带来变化无穷的优美的形式和色彩，它们有时逐渐过渡，有时显出尖锐的对比，它们总是相互有关，但总是新鲜，并且自成为完整充实的一体。二者的主要区别是，在我们听觉前展现着的音乐万花筒是作为一个艺术家创作精神的直接流露来谛听，而视觉的万花筒只是一种巧妙的机械的玩具。要是人们不仅在思想中而且在实际上想把色彩提高到音乐的地步，把一种艺术的手段安放在另一种艺术的效果中去，那就会产生那种叫做“颜色钢琴”或“视觉管风琴”一类的乏味的玩意儿，可是这种发明恰好证明这两种现象，就其形式方面说是建筑在同一基础上的。

假如有情感丰富的音乐爱好者觉得这种比喻降低了音乐艺术的身价，那我们回答说，这要看这些比喻是否正确。如果通过比喻，更能认识事物的性质，那就不会有什么降低身价的问题。要是我们放弃运动的特点，即时间的进展——万花筒的比喻在这一点上特别恰当——那我们自然可以为音乐美找到一种更高尚的比喻，例如建筑、人体或风景,这些事物(除了内心或精神的表现外)都具有一种轮廓和颜色的原始美。

人们过去不认识纯音乐中充满着美,这多半应归咎于对感性事物的轻视,旧的美学论著往往偏重道德和情趣(gamut),或如黑格尔偏重“理念”,而忽视感性。任何艺术却都从感性的东西出发,并且生息在其中。所谓“情感论”不认识这一点,它完全忽视听觉而直接诉诸感受。他们说,音乐是为人心而创作,耳朵是无足轻重的。

当然,贝多芬不是为“内耳”或“鼓膜”——即他们称为耳朵的——而作曲。可是幻想力,它的机能是和听觉感受相适应的,对它说来,感官不只是通向外表现象的漏斗,而是具有完全不同的意义。幻想力有意识地感性地欣赏鸣响着的音型和累积起来的乐音,它自由而直接地生息在乐音的观照(schauen)中。

要描写音乐艺术的这种独立的美、这种为音乐所特有的东西,是非常困难的。音乐在自然界中没有范本,它也说不出概念性的内容,我们只好用枯燥的术语,或诗意的虚构来叙述它。它的王国诚然“不属于这个尘世”。对音乐作品的一切富有幻想力的描写、性格刻画和解释性的说明,都是比喻性的或者是错误的。对别的任何艺术还可以说是描述,对音乐来说却已是比喻。音乐只能作为音乐来领会,只能通过音乐自己来理解,只能从它本身来欣赏。

所谓“为音乐所特有的东西”,不能只理解为声响的美或者理解为一种均衡的对称——这些都是它的附属部分——更不能说它是“刺激耳朵的乐音游戏”,或诸如此类的通常用来强调乐曲缺乏精神意义的说法。我们一再着重音乐的美,但并不因此排斥精神上的内涵,相反地我们把它看为必要的条件。因为没有任何精神的参加,也就没有美。我们把音乐的美基本上放在形式中,同时也已指出:乐音形式与精神内涵是有着最密切的关系的。“形式”这一概念在音乐中的体现是非常特殊的。以乐音组成的“形式”不是空洞的,而是充实的;不是真空的界线,而是变成形象的内在精神。因此,与阿拉贝斯克对比时,音乐确实是一幅绘画,但这是音乐的意义和推论;音乐是一种可以说出和可以理解的语言,但这种语言不能翻译过来。我们说乐曲中有“思想”,这是含有深刻的认识,而且正如在语言中一样,熟练的判断力在这里也很容易区别真正的思想和空洞的词句。我们把合理地自成段落的乐音组合也叫做“乐句”。正如在逻辑的段落中我们感到意义的终止,在音乐中也是这样,虽然二者的真理是不能用同一尺度来衡量的。

大自然在人类的机能组织和外界的声音现象中设置了一些原始的基本法则，音乐造型本身的完美合理性是以这些原始法则为基础的。尤其"和声进行"这一原始法则藏着音乐的最重要发展的核心，相等于造型艺术中的圆周形，并且藏着对各种音乐关系——遗憾的是几乎还没有被解释——的解释。

一切音乐要素相互之间有着基于自然法则的秘密联系和亲和力。这些亲和力无形地主宰着节奏、旋律以及和声，并要求人类的音乐必须遵循它们的法则，并且使一切违反这些法则的结合显得丑恶逆理。它们虽然不是以科学意识的形式存在着，但却本能地为任何有教养的听觉所具有。因此，乐音组合中凡是有机的、合乎理性的东西，或是逆理的、反自然的东西，都可单纯通过直观被这种听觉所感受，不需要什么逻辑概念作为尺度或比较点。〔诗歌可以比较随便地利用丑恶(不美)的东西。诗歌直接唤起概念，只是通过概念的媒介影响人的情感；因此丑恶(不美)的东西由于人们觉得处理很得当而一开始就已减弱了它的印象，作为刺激和对比的手段来说，它甚至可产生极大的效果。但音乐的印象直接被感官接受，直接被感官欣赏，如果先有不愉快的东西来骚扰我们，那么理智的批准就为时过晚了。所以莎士比亚可以描写极丑恶的事物，而莫扎特却不能越过"美的界限"。(格里尔帕策，卷九，142 页)〕

……

任何艺术都是以体现幻想力中活跃着的观念作为目标。音乐的观念是属于音乐范畴，不是先有概念，然后译成乐音。作曲家并不是从他决定用音乐描写某一热情出发，而是从他发明某一旋律开始去创作的，这个旋律的发明是关键所在。有一种原始神秘的力量在作曲家的心灵中唤起了一个主题、一个动机，我们永远无法看见这个原始力量是怎样工作的。我们不能追究这第一粒种子是怎样产生的，只能作为简单的一件事实来承认它。艺术家的幻想力中播下了这粒种子后，创作就开始，他从这一主要主题出发，又总是回到这一主题，并且企图在它的各种关系中有目的地来表现它。一个独立而单纯的主题在我们的审美感受中直接地显示了自己的美，对这种直接的现象，没有其他解释，至多说它具有内在的适合性和各部分之间的和谐性，此外没有什么外来的东西了。正如阿拉贝斯克、石柱，或者自然美的产物，花草树叶等，它本身给了我们愉快之感。

选自《论音乐的美——音乐美学的修改刍议》，杨业治译，人民音乐出版社 1980 年版

论绘画

【荷兰】文森特·凡·高

【阅读提示】

文森特·凡·高(1853—1890),画家。凡·高的作品中充满天然的悲悯情怀和苦难意识。他凭借着自己敏锐的艺术感知力深情地、细致地描绘着质朴、自然的风景、静物及人物,他也因此被称为“画家中最纯粹的画家”。凡·高对色彩的偏好几乎达到了一种癫狂的状态,奔放、夸张的色彩,表现出天才的创造性发现和表现力。

我是一个在我的无信仰中的信者,并且我虽然改变了自己,我仍是这同一的人。我的忧愁不是别的,正是:我能做什么?我能帮助人或在任何形式里有用?我怎样能多知道些?对这个或那个对象深入探索。

艺术——自然——生活

对艺术我还不知有更好的像下面的定义。这定义是:艺术,这就是人被加到自然里去,这自然是他解放出来的;这现实,这真理,却具备着一层在那里面表达出来的意义,即使他画的是瓦片、矿石、冰块或一个桥拱……那宝贵的呈到光明里来的珍珠,即人的心灵。我在全部自然中,例如在树木中,见到表情,甚至见到心灵。我曾试图把放到人像里的感觉同样放进风景里去,那好似拘挛着地热情地伸下地里的插根和被狂风鼓动欲解放而去的情态。我想在那里面表现某种斗争。被狂风冲击的众树是奇美的,我要说,在每个形象里,我的意思是在每一个形象里是戏剧。甚至于那些平凡的厅堂,被风吹雨淋着,也具有独自的性格,我在它里面见到象征:所以一个具有平凡形式和轮廓的人，只要真切的苦痛抓住了他，也将会成为一个独具性格的戏剧性人物。我有时想到今天的社会——尽管它正在没落中，而当人们把它放到任何一种革新面前来观察时，它会突然升起成为一幅伟大的阴暗的剪影。

那是(在一风景里)戏剧里的东西，它让我见到某一我不识知的东西，它使我感觉到:它把大自然在一瞬间放进一个形象里，而这形象是人没有社会，完全单独地接近它的。我从来没有(通过模特)获得那样好的帮助，像通过这位丑陋的枯萎了的妇女。对于我，她是美的，我在她里面找到我所需要的东西。生命已经越过她走去了，苦痛和不幸的命运在她身上画下了烙印——我现在正可从她开始工作。如果土地没有翻锄过，你不能在它上面种植。她是被锄过了的——因此我在她里面获得更多的东西超过一群不曾被锄过的。

如果人们所要说出的，仅仅是清楚地说了出来，这对于我往往好像不够的。用较多的花哨说出来，对于耳朵更舒服些，我并不反对；但真理并不由此美丽多少，因真理本身是美的。

什么是描画？人怎样达到目的？这是钻穿一面看不见的铁壁，这铁壁好似插在人所感到的和人所能做到的中间。

对他(茜莱)说，在我的眼睛里真正的画家是那些人，他们画各种东西，不是照它们的样子，枯燥地分剖着，而是照他自己感觉到的那样。

对他说，我的最大的希望是他学习画出这种不准确，这样的变形来，在画画里是某些无尽的东西——我不能对你解说。在色彩里是潜隐着和谐的或对比的事物。这些事物是通过自己来作用着的。人不用通过别的媒介物来表现。颜色在自身表现出事物。人保存大自然里色彩的美不是通过呆板的模仿，而是通过在一同值得“色彩层次带”里的新创造，而这个“色彩层次带”不须和那原来的同样。

你在我所说的里面见到一种对浪漫主义的危险的倾向吗？一种对现实主义的不忠吗？

人们以无结果的自苦来开始，来顺从自然，而一切却和它作对。人们最终是静悄悄地从他的调色板来创造，而自然却和这协和着，由这里引导出来；但这双对立物是相互依存的。

色彩的规律

我对色彩的规律是极其感兴趣的，在我的儿童时期就被讲解过呀！

被德拉克罗瓦首先规定出来的色彩规律是一种光，这是被确定了。

柏朗克和德拉克罗瓦曾有一天讨论过：真正的画家是不画固有色的。他（德拉克罗瓦）用手指着污浊的灰色的土地，说：假使人对委罗奈斯说：你替我画一个美丽金发女人，她的肉色要像这块土地。他会画出来，而他画面上的女人将会是一个红肤金发的女子（因那污浊灰色和其他色彩的对比中能够显示为粉红色的）。这里是德拉克罗瓦所相信的对于色彩的伟大真理。在自然中有三种原色，不能引归到别的颜色，那就是黄、红、蓝。如果它们中间的两种混合着，就产生次色橙、绿、紫。每种这类由二原色混合成的次色却和其第三种色构成对比色。在对比中两色增到最高的强度。人称它们为补色（参见新印象派章）。这类在并排邻立中的色彩，在混合成为相同部分里相互消灭着自己，人们获得的是一绝对的无色的灰暗，一破碎的色。这灰色和纯补色在对比中产生一个具有主音的和谐乐奏。

而只由于亮度和折光度相异的同类色是通过“相类似”成为和谐的对比。德拉克罗瓦同时利用着补色对比和诸“类似色”的协奏来增强他的色彩并使之和谐。

……

暗示的力量

我不知道，有没有人在我以前谈过色彩的暗示力量。我要对你举个例子。我要替我的一个朋友画一幅像，一位艺术家，他做着伟大的梦。这人是金发的，我想把我对他的全部赞叹画进画里去，画我对他的一切爱。我将把他画得像他本人，竭尽我能做到的忠实，由此开始来画。但仅是这样，那画并没有完成。为了完成，我现在将是一个放肆的色彩画家。我夸张他的头发的金黄色，用上橙黄色调、黄色、明亮的柠檬色。在头脑后我画着无限天空，代替一般所画的普通房间的后墙。我画出我能做到的强烈的蓝色。这样，金发发亮的头脑在丰盛的蔚蓝背景上产生神秘的印象，像一颗亮星在深蓝天上。我曾有过两个新模特，一个阿尔的妇女和一个年老的农夫。这一次我把他们放在一个活泼的橙色背景上。尽管我不想虚构落日景象,却仍然暗示着一个这样的感觉。人们须把一对爱人的恋爱通过两个补色的结合,通过它们的混合及相互补充来表现同样情调的充满神秘的颤动。

我在画幅《夜咖啡馆》里用红与绿来表现人类的可怕的情调。这些色彩,不是呆板地按照现实主义立场的字句来说,是眼睛的欺骗者;而是一富暗示力的色彩,它们表现出人们的火热的情绪活动。

我试图表现出夜咖啡馆是一个场所,人在里面将会疯狂,能做出犯罪的事来;我通过柔和的粉红色、血红色、深红的酒色和一种甜蜜的绿色,委罗奈斯绿(那是用黄绿色与重青绿的相对立)相对照来达到目的。这一切表现出一种火热的地狱气氛,惨白的苦痛、黑暗,对昏昏欲睡的人们压制着。

我又画一幅摇篮旁的妇女,它类似一张廉价的彩色印刷品,假使人们愿意这样批评的话。或者是在它那里面是潜藏着某种试验,像一小小色彩音乐。我要画一幅画,像军舰上的水兵,他根本不懂画画,他幻想着他在大洋上思念着岸上的一个女人。

如果你这样布置着:把摇篮旁的妇女悬挂在中间,把两幅大向日葵挂在左右两旁,你就得到一幅三张连幅画;而那摇篮旁妇女将因两邻的黄色而发挥着大大加强的作用。

然后你就会理解我对你写的:我的意图曾经是创制一幅装饰画,例如能在水兵卧室里悬挂的那样。因而那宽阔的尺寸和粗大的笔触具有它的根据。

我必须对你说,假使我有力量在此继续下去,我将会按照自然画出神圣的男子和女人,带着我们这世纪的面貌;这是今天的市民,而他们仍然是和初期的基督教徒有关联的。导致我的这种激动的原因在这期间太强烈了,以致我不能停留在此。我本能地感觉到,太多的东西改变了,而一切都要改变,——我们是在一个世纪的末了的四分之一,它将再度用一次强大的革命来终结。不被他的时代的错误所欺骗,这是好的;这就是在这意义里不被欺骗,即感觉到暴风雨来临前的当代的不健康和窒息,而对自己说:我们是处在压迫里,但将来的世代会呼吸得自由些。我用一切力量感觉到,人类的历史正像种麦子。如果人不被撒播到土里去,以便发芽生长;人怎能被磨成粉,制成面包呢。

译自和他弟弟、朋友等人的信。选自《宗白华美学文学译文选》,宗白华译,北京大学出版社 1982 年 12 月版

艺术与生命

【德】鲍勒诺夫

【阅读提示】

鲍勒诺夫(1903—1995),教育家。主张始终将人的存在问题放到人的教育活动中去审视,提出了教育的现代性问题。从更广泛的意义上界定现代人的教育,将教育(教育之爱)、社会(节日、庆典)、个人(精神漫游、社会漫游)、文化(历史、传统)融为一体,使人的生命、精神、体魄得到全面发展,使社会教育、自我教育与课堂教育结合起来。

1. 艺术作为提高生命的手段

生命哲学与艺术的关系也是完全相适应的。正如生活的其他成果一样,从生命哲学的立场来看,不能把艺术看成是本身静止的和为其自身而去追求的东西,艺术必须反过来与生活相联系,要从艺术在生活中应完成的功能来理解艺术。因此探讨这些功能的问题便构成了任何生命哲学的艺术理论的基本问题。

有价值的艺术理论在新近的生命哲学中令人奇怪地少见。因为生命哲学由于对思维的抽象形式的敌对态度而本身包含了一种强烈的艺术因素,而且介于作家和思想家之间的中间形式在这儿并不少见,这就更加令人惊讶了。研究艺术问题最多的要算尼采,但是他那极富层次的思想已经与他本身的形而上学立场的特点紧密结合,使得它们只能有保留地用以表明一般生命哲学的观点。对最一般的、因而是典型的生命哲学的表述主要是在他的晚期著作中,特别是在《权力意志》一书中初露端倪。

这里决定性的基本思想在于艺术的保存生命和提高生命的作用。在这个意义上他明确表述如下:“我们为了生命而需要……艺术”“艺术本质上是肯定……生存”这是“对生存感到乐趣的艺术理论”,正如尼采所一再强调的,艺术是“对生活的巨大兴奋剂”,尼采从这个意义上理解艺术,在《权力意志》中阐述了他的见解。所以他也可以这样表达他的观点:艺术“应放到生活的镜头下来看”。

这样可以把尼采看作是一般的哲学发轫期的典型代表。但如果具体地讲艺术这种保存生命和促进生命的作用取何种形式,那么各种不同的观点是有分歧的。这里提一提柏格森的思路或许是有益的。柏格森从一般的艺术哲学立场出发固然是处理了一个非常特殊的问题,但他把与生活的反向联系问题更清楚地突出出来了。这涉及到他那篇关于笑的著名论文,论文着重研究了喜剧现象。众所周知,令人信服的基本思想(这里不做详细介绍)就在于:僵死的、机械的、变为无意识的习惯的、总之是一切丧失了活力的生活被观众作为滑稽可笑的东西而感受,从而受到耻笑的惩罚。正是生活的僵化和活力的丧失产生了可笑的效果。柏格森把它描述为“机械的东西,活物外面的硬皮”。“每当我们觉得一个人如同一件东西时,我们就笑起来”,这种效果被柏格森理解为生活的一种功能,而且是在共同生活的情况下。他本人说道:“笑在共同生活中必将有一个确定的任务,必将带有一个社会的特点。”这里把滑稽作用理解成一种自发起作用的校正原理,生活借助于它来力图消除开始出现的僵化,保持其活力。例如,关于滑稽的特点他是这么说的:“然而笑恰恰有这样的任务:抑止任何对分离的尝试。它的功能是把僵硬变为灵活,为社会夺回每一个怪人。”

这种特殊情况也许特别适合于搞清生命哲学的美学的一般原理:如果生活正处于僵化和重新获得的活力的对立中,则这种滑稽作用在为生活力服务方面是一种有益而必要的功能。所以一般要探索艺术在生活中的功用。

在我们深入探讨生命哲学的艺术观点的详情细节之前,再简略地考察一下杜威是适宜的,因为他从完全不同的前提出发得到了一个相似的观察方式:因为他也不是从艺术本身来考察艺术,而是试图从艺术在生活中须完成的“功能”角度来理解它。他直截了当地谈到艺术以至游戏在人类生活中应起的“道德功能”,他认为它的任务首先在于“从不断的道德活动中恢复”。与柏格森相仿,他看到了生活凝固的危险,看到了道德生活领域连同它内部所必须具有的紧张特别遭受到这种危险。艺术和游戏的任务是通过轻松活泼来抵制这种凝固。“其功能是防止和弥补道德活动本身通常的过高和不足,制止道德觉悟变僵硬。”这里它们的任务着重是“从与专业化工作相联系的狭窄中解放出来”。

除这种解放作用之外，杜威同时还看到了一种更积极的功能，即通过其形象塑造为生命的日常努力赋予一种新的、更深刻的意义。据杜威看来，艺术在这里与宗教对生命的阐释相吻合：通过其形象塑造反过来对生活的形象塑造起反作用。在这个意义上他强调：“艺术和宗教的责任是唤起这种尊重和预感，提高和加强它们，直到它们深入到我们生活的组织之中。”在这个意义上艺术实际对生活负有责任，即丰富和解放它的内涵。艺术的具体运用并不令人感兴趣，关键是以何等的确信就艺术对生活的功能进行追问。

2. 和谐适度的原则和狂热纵情的原则

如果我们由此出发而回到尼采，那么首先须注意他的思想是如何包含在上文已显示出的一种更特别的生活观念中的。那是把人类生活当成一种几乎无法忍受的苦难的观点，正如已在“悲剧的诞生”中所阐明的那样。从这个角度看，艺术的功能是使似乎不可能的生活成为可能。它最初是非常审慎地开始的。使人能在生活中活下去，比把这种生活提高到超出其自身更重要。关于此观点这里写道：“艺术的任务”是把眼睛从对夜幕的瞥视中解脱出来，借助假象的治病药膏把主体从意志冲动的痉挛中拯救出来。在这个意义上尼采把艺术称为“向往假象的善良意愿”。它的任务是建立一个美的世界，把人从“关于生存的可怖与荒谬的讨厌想法中解放出来”，让人觉得生存是有生活价值的。这在他的早期著作中就是艺术中“和谐适度”原则的功能，这里被说成是闪耀着光芒的梦幻的功能。特别对于希腊艺术是这样写的：“希腊人认识和感受了生存的可怖与惧怕：为了能生活下去，他不得不创造出奥林匹克的光辉梦想与之对抗……为了能活下去，万不得已的希腊人不得不创造出这些神来。”

但是这个美的世界是假象，是纯粹的假象，从使幻想破灭的认识方面来看它是骗人的。从幼稚的真实性概念来看，艺术是谎言，所以，在艺术和认识之间，特别是在艺术和科学之间，容易发生争执。从科学毁灭生活的作用出发，尼采把艺术看成是一种“认识的治疗剂”。换一种说法就是“对认识者的解救”。所以长此下去它“胜过悲观主义”。一般的原理是“我们需要谎言，……为了生活”，它以完全特殊的方式适用于艺术。艺术和认识之间的对立自然只适用于幼稚的真实性概念(“摹拟圣像的”，如尼采在“不合时宜的看法之二”中所说的那样）。正如对于较深刻的生命哲学的真实性概念来说有“真实的阶梯”“虚假的阶梯”那样，艺术和认识之间特有的对立关系也消失了，两者互相融合成一个更高的统一体，正如尼采在其他一些地方所表述的那样。

但这还只是说明了尼采的艺术哲学的一个方面，沿用尼采本人的说法就是“和谐适度”的原则。除此以外还有另外一个方面，也许尼采较少提到，但在他的生活概念中可能扎根更深，可以归结为“狂热纵情”的部分。尼采在这里把艺术看成“原本是生活的形而上学活动”。有一次他谈到抒情诗人时强调：在诗人身上不是一个偶然的个别人在说话，艺术家“成了媒介”，通过这个媒介，“确实存在的主体”，原始基础本身作为“世界上的原始艺术家”在说话，这一点同时也普遍适用于艺术家。艺术是一个生命基础本身的器官，这样尼采可以说，艺术是“生活本来的任务”。按照尼采的看法，构成人类生活最深刻本质的创造本来是艺术的创造。生活本身必须最终被理解为一种艺术的创造。艺术和生活就是这样紧密融合的。我们的生存本身对于尼采来说是“一种持续的艺术行为”。除尼采外，与艺术的这样一种紧密关系对于整个生命哲学来说也是典型的。

选自《现代性中的审美精神——经典美学文选》，刘小枫主编，学林出版社 1997 年版

审美态度

【德】斯普朗格

【阅读提示】

斯普朗格(1882—1963),教育家。他认为教育不是传授已有的东西,而是要把人的创造力量诱导激发出来,将生命感、价值感唤醒。唤醒,是一种教育手段。主张教育作为一种活动,是与人类文化同时发生和发展的,教育学必须借助于文化哲学。斯普朗格被誉为“将教育学从哲学领域独立出来,使之成为独立学科的第一人”。

在第一部分中我们试想把自然界的审美因素和各种艺术类型简括为通过思维而形成的一种形式。要总结唯美主义的要素,我们是否可以说:它是印象的形象表现。这里包括三个阶段:a. 印象——现实中出现的,引起美感的,具体客观的,或是由想象创造出的形象;这种形象的动人意义被心灵感受。b. 表现——物质的想象或想象的物质扩大了人的心理满足,引起美感的具体表现。c. 这种形式是形象和表现互相渗透的结果;只要主客观因素条件均衡或一致,这种形式就会鲜明出现。我们知道,假设的行为总是根据想象者的理解来表现的。而客体本身通常是没有情感的。因而,我们通常是在想象中心领神会之后才表现或体验这一形式的。理论上的假设行为以及心理上的移情作用表现于每一审美过程。

美学的问题是更为准确地研究客体本身和我们精神赋予客体的性质之间的区别。首先从纯理论的观点来解释对象,就必然使这一客体在概念上孤立起来。这是朴素的美学欣赏者所不知的。与对象相反,后者,即我们的精神赋予客体的性质,似乎是在于审美客体和对审美客体及自我的同时感受之中。假如在这种条件下,一个人意识到多方面的、无拘束的、独特的心灵冲动,那他就感受到“形式”。

我们一般是在艺术家或艺术爱好者身上探求这一过程的。然而，只要我们仔细观察，我们就会发现，真正呈现在我们面前的，只不过是审美类型的十分有限而偶然的派生表现而已。由于某些较深刻事物的强烈作用，审美心理被文艺作品唤起，正如同一心理创造了该文艺作品一样。这种过程本身可以完全交替产生。假如有人说，即使拉斐尔生来就没有双手，他也会是伟大的画家。那么，这是指拉斐尔像画家那样去理解事物。他总是以画家的眼光看待世界，甚至有时候就不把印象局限在绘画的复杂技巧上。简言之，只有艺术感受的心灵，才能创造艺术作品；只有内心想象，才能产生看得见的事物；只有心灵的内部节奏，才会诞生音乐。然而，正如文艺作品是一种派生现象一样，文艺作品唤起的艺术欣赏也是如此。为了探讨美学的起源，我们必须从理论、经济和宗教态度的比较来讲述美感。

我们知道，所有的审美都不是热切的。那是一种纯思考状态，能使自我融进各种实在客体或想象客体的性质之中；它与外界的真正联系总是热情的，充满物质和精神存在的斗争。但是，还有另外一种体验：在这种体验中，痛苦和欢欣均受欢迎，苦难和幸福同受祝福。这第二种体验是富于想象力的领悟，也就是情感力的产生和转换。我们都十分熟悉这种奇特的转换，它把我们记忆中过去种种苦恼变成令人愉悦的遐想，我们知道，有些人总是用想象的薄纱蒙住自己的眼睛。他们透过这层薄纱观看自己和日常生活。

上述因素都作用于这种充满勃勃生机的感受形式中；在上述的艺术创造和艺术欣赏过程中，我们分析了这种感受形式。命运和环境使人产生印象，而每个人又都有独特的情感。当情感与印象融为一体的时候，它们就变成心灵冲动的表现并为个人所有。审美类型以其独特的方式拥有个人的体验和情感。个人生活在具体的体验和情感以及各种感觉中，很少进行逻辑思考。例如，性爱的倾向，如果它仅仅成为一种欲望，便会立即失去它特有的诱惑力。而且，如果首先从理论上考虑，则千百万人都有过性爱，那么性欲也就没有什么特别的了。问题是只有美感才对情景产生无与伦比的情感满足。

如果只是在想象中欣赏一个单独的情景，那我们就只有一种诗的意境，或是审美的一时兴致。但是，如果整个心灵是在充当整个生命的形成力量（赋予颜色、心境、节奏），那么我们就会有审美类型。我们可以简要地说，审美类型的性质是：把一切印象转变为表现。对这些神秘的心灵力，我们无法作进一步的探讨。一件客观的文艺作品(出自这样心灵的作品)将心灵内部结构揭示得最为清晰。审美心灵同文艺作品融为一体,整个地融入其具体形式和感觉形式。强调地说,这就叫个性。因为,即使所有的类型都证实我们通常所称做“个性”或“一种引起兴趣的特性”,它也仍然是一种审美现象。同唯美主义紧密相联的,总是一种特别的自我欣赏,因为这些特性似乎是伴随唯美主义而存在的,并不能与唤起欲望和行动的现实产生直接的联系;它们观察的是生活中的生动景象,而不是生活的印象,并且在一边欣赏一边凝思。

弄清楚了感受的三个方面中哪一个是起主导作用的,我们就能够区别出三个审美类型。有些人挺乐于注意自己的外部印象,他们渴望感受,因此,他们容易感受一切。一个人如果缺乏内心的组合能力,那就是一个走马观花、浮光掠影的印象主义者。然而,其他的人,他们内心深沉,感情丰富,又惯于带着主观色彩去感受一切印象,则显然是些主观类型的人,亦即存在的表现主义者;这种人不可能对生活中具体可见的客观现实作出客观让步。只有当存在的两个方面——印象和内心世界完全平衡了,那才是“内在形式”的人;这种人具有真正的可塑性,我们或许可以将之称作“古典类型”的人,这种人能敞开思想,能很快融入生活印象之中;他们的内心是自我发展的。他们的特点是形成清晰的美感;这种感受必须与纯知识和技术才能区别开来。他们从自己的生活中创造出艺术作品,他们本身就是形式、美、和谐、均衡。甚至在其最初的倾向中,就带有一定的精神上的美,但它们经常是通过自觉的内心修养来完善自我的。荷尔德林在《许泊里翁》中就说过:“即使作为艺术家,我也将保持纯洁。”

然而,我们必须特别注意热爱生活的大师(沙夫茨伯里)同进行形式创作的艺术家之间的区别。显然,艺术家必须炼就自己的艺术心灵,这样才能从内在节奏中创造出外在节奏,从对生活的内在感觉中创造出外在形式,从主观和谐中创造出外在和谐来。但是较之一个内在的艺术家,这样既有长处也有不足,长处在于能够把感受用任何形式(颜色、声音、诗、画)表达出来;这就是自我表达能力。这种能力不同于内在生成力,克·弗·莫里茨、洪堡具有审美能力,但其创造力缺乏真正客观的“感受”。他们实际上不过是自我创造者而已,因而,他们无法求得表现。反过来说,可以进行形式创造的艺术家,其不足则是:正是由于形式创造这个事实使他徘徊于某一单个的创作(他创作宙斯或者阿佛洛狄忒,一首抒情诗,一出戏剧,一个舞蹈或是一支歌曲)。这样,他的主要精力完全集中到一点,以致他永远也不会完全抵达内在形式或者甚至丧失内在形式。因此,天才艺术家渴求在成功的作品中完全表达自己;然而,像歌德那样通过努力而终于成功地做到了这一点的,为数却是不多。大多数艺术家都没有超越单一的或是有限的表现;在这类表现中,印象主义的因素(机会)和表现主义的因素(内心世界)占优势。在一些创造性艺术家的一件件作品中表现出来的,是为内在形式而进行的努力,并不是对那种形式的实际创造。

我们将凭借内在生成力,并且仅在审美类型的心理构成上去考虑审美类型。内在生成力在极力寻求真实感受与主观洞察力之间的平衡。在这一类型中,我们要严加区别,不让各种变化混淆主要界线。如果要描述外在艺术世界的丰富多样的形式,那就得写一部完整的《美学》,然而,我们只是对内在的艺术家感兴趣,对艺术地构成精神生活的人感兴趣。

选自《现代性中的审美精神——经典美学文选》,刘小枫主编,学林出版社 1997年版

艺术品的本质

【法】丹　纳

【阅读提示】

丹纳(1828—1893),哲学家。丹纳认为,一切事物的产生、发展、演变和消亡,都有其内在的规律。精神科学和自然科学在内在精神和研究方法上是一致的,自然科学的研究方法完全可以应用于精神科学(包括文学艺术)的领域之内。在他看来,美学本身便是一种实用植物学,不过对象不是植物,而是人的作品。

我的方法的出发点是在于认定一件艺术品不是孤立的,在于找出艺术品所从属的,并且能解释艺术品的总体。

第一步毫不困难。一件艺术品,无论是一幅画、一出悲剧、一座雕像,显而易见属于一个总体,就是说属于作者的全部作品。这一点很简单。人人知道一个艺术家的许多不同的作品都是亲属,好像一父所生的几个女儿,彼此有显著相像之处。你们也知道每个艺术家都有他的风格,见之于他所有的作品。倘是画家,他有他的色调,或鲜明或暗淡;他有他特别喜爱的典型,或高尚或通俗;他有他的姿态、他的构图、他的制作方法、他的用油的厚薄、他的写实方式、他的色彩、他的手法。倘是作家,他有他的人物,或激烈或和平;他有他的情节,或复杂或简单;他有他的结局,或悲壮或滑稽;他有他风格的效果,他的句法,他的字汇。这是千真万确的事,只要拿一个相当优秀的艺术家的一件没有签名的作品给内行去看,他差不多一定能说出作家来;如果他经验相当丰富,感觉相当灵敏,还能说出作品属于那位作家的哪一个时期,属于作家的哪一个发展阶段。

这是一件艺术品所从属的第一个总体。下面要说到第二个。

艺术家本身,连同他所产生的全部作品,也不是孤立的。有一个包括艺术家在内的总体，比艺术家更广大，就是他所隶属的同时同地的艺术宗派或艺术家家族。例如莎士比亚，初看似乎是从天上掉下来的奇迹，从别个星球上来的陨石，但在他的周围，我们发现十来个优秀的剧作家，如韦伯斯特、福特、马辛杰、马洛、本·琼森、弗莱彻、博蒙特，都用同样的风格，同样的思想感情写作。他们的戏剧的特征和莎士比亚的特征一样；你们可以看到同样暴烈与可怕的人物，同样的凶杀和离奇的结局，同样突如其来和放纵的情欲，同样混乱、奇特、过火而又辉煌的文体，同样对田野与风景抱着诗意浓郁的感情，同样写一般敏感而爱情深厚的妇女。在画家方面，鲁本斯好像也是独一无二的人物，前无师承，后无来者。但只要到比利时参观根特、布鲁塞尔、布鲁日、安特卫普各地的教堂，就发觉有整批的画家才具都和鲁本斯相仿：先是当时与他齐名的克雷耶，还有亚当·凡·诺尔特、赫兰德·泽赫斯、龙布茨、亚伯拉罕·扬森斯、凡·罗斯、凡·蒂尔登、扬·凡·奥斯德，以及你们所熟悉的约尔丹斯、凡·艾克，都用同样的思想感情理解绘画，在各人特有的差别中始终保持同一家族的面貌。和鲁本斯一样，他们喜欢表现壮健的人体，生命的丰满与颤动，血液充沛，感觉灵敏，在人身上充分透露出来的充血的软肉，现实的往往还是粗野的人物，活泼放肆的动作，铺绣盘花，光艳照人的衣料，绸缎与红布的反光，或是飘荡或是团皱的帐帷帘幔。到了今日，他们同时代的大宗师的荣名似乎把他们湮没了；但要了解那位大师，仍然需要把这些有才能的作家集中在他周围，因为他只是其中最高的一根枝条，只是这个艺术家庭中最显赫的一个代表。

这是第二步。现在要走第三步了。这个艺术家庭本身还包括在一个更广大的总体之内，就是在它周围而趣味和它一致的社会。因为风俗习惯与时代精神对于群众和对于艺术家是相同的；艺术家不是孤立的人。我们隔了几世纪只听到艺术家的声音；但在传到我们耳边来的响亮的声音之下，还能辨别出群众的复杂而无穷无尽的歌声，像一大片低沉的嗡嗡声一样，在艺术家四周齐声合唱。只因为有了这片和声，艺术家才成其为伟大。而且这是必然之事：菲狄亚斯、伊克蒂诺，一般建筑巴台农神庙和塑造奥林匹亚的朱庇特的人，跟别的雅典人一样是异教徒，是自由的公民，在练身场上教养长大，参加搏斗，光着身子参加运动，惯于在广场上辩论、表决；他们都有同样的习惯、同样的利益、同样的信仰，种族相同，教育相同，语言相同，所以在生活的一切重要方面，艺术家与观众完全相像。

……

所以我们可以肯定地说:要了解艺术家的趣味与才能,要了解他为什么在绘画或戏剧中选择某个部门,为什么特别喜爱某种典型、某种色彩,表现某种感情,就应当到群众的思想感情和风俗习惯中去探求。

由此我们可以定下一条规则:要了解一件艺术品、一个艺术家、一群艺术家,必须正确地设想他们所属的时代的精神和风俗概况。这是艺术品最后的解释,也是决定一切的基本原因。这一点已经由经验证实。只要翻一下艺术史上各个重要的时代,就可看到某种艺术是和某些时代精神与风俗情况同时出现、同时消灭的。例如希腊悲剧:埃斯库罗斯、索福克勒斯、欧里庇得斯的作品诞生的时代,正是希腊人战胜波斯人的时代,小小的共和城邦从事于壮烈斗争的时代,以极大的努力争得独立,在文明世界中取得领袖地位的时代。等到民气的消沉与马其顿的入侵使希腊受到异族统治,民族的独立与元气一齐丧失的时候,悲剧也就跟着消灭。

同样,哥特式建筑在封建制度正式建立的时期发展起来,正当 11 世纪的黎明时期,社会摆脱了诺曼人与盗匪的骚扰,开始稳定的时候。到 15 世纪末叶,近代君主政体诞生,促使独立的小诸侯割据的制度,以及与之有关的全部风俗趋于瓦解的时候,哥特式建筑也跟着消灭。同样,荷兰绘画的勃兴,正是荷兰凭着顽强与勇敢推翻西班牙的统治,与英国势均力敌的作战,在欧洲成为最富庶、最自由、最繁荣、最发达的国家的时候。18 世纪初期荷兰绘画衰落的时候,正是荷兰的国势趋于颓唐,让英国占了第一位,国家缩成一个组织严密、管理完善的商号与银行,人民过着安分守己的小康生活,不再有什么壮志雄心,也不再有激动的情绪的时代。同样,法国悲剧的出现,恰好是正规的君主政体在路易十四统治下确定了规矩礼法,提倡宫廷生活,讲究优美的仪表和文雅的起居习惯的时候。而法国悲剧的消灭,又正好是贵族社会和宫廷风气被大革命一扫而空的时候。

我想做一个比较,使风俗和时代精神对美术的作用更明显。假定你们从南方向北方出发,可以发觉进到某一地带就有某种特殊的种植、特殊的植物。先是芦荟和橘树,往后是橄榄树或葡萄藤,往后是橡树和燕麦,再过去是松树,最后是藓苔。每个地域有它特殊的作物和草木,两者跟着地域一同开始,一同告终;植物与地域相连。地域是某些作物与草木存在的条件,地域的存在与否,决定某些植物的出现与否。而所谓地域不过是某种温度、湿度,某些主要形势,相当于我们在另一方面所说的时代精神与风俗概况。自然界有它的气候,气候的变化决定这种那种植物的出现;精神方面也有它的气候，它的变化决定这种那种艺术的出现。我们研究自然界的气候，以便了解某种植物的出现，了解玉蜀黍或燕麦、芦荟或松树；同样我们应当研究精神上的气候，以便了解某种艺术的出现，了解异教的雕塑或写实派的绘画，充满神秘气息的建筑或古典派的文学，柔媚的音乐或理想派的诗歌。精神文明的产物和动植物界的产物一样，只能用各自的环境来解释。

诸位先生，假定我们这个研究能成功，能把促使意大利绘画诞生、发展、繁荣、变化、衰落的各种不同的时代精神，清清楚楚地指出来；假定对别的时代、别的国家、别的艺术，对建筑、绘画、雕塑、诗歌、音乐，我们这种研究也能成功；假定由于这些发现我们能确定每种艺术的性质，指出每种艺术生存的条件：那么我们不但对于美术，而且对于一般的艺术，都能有一个完美的解释，就是说能够有一种关于美术的哲学，就是所谓美学。诸位先生，我们求的是这种美学，而不是另外一种。我们的美学是现代的，和旧美学不同的地方是从历史出发而不从主义出发，不提出一套法则叫人接受，只是证明一些规律。过去的美学先下一个美的定义，比如说美是道德理想的表现或者说美是抽象的表现，或者说美是强烈的感情的表现；然后按照定义，像按照法典上的条文一样表示态度：或是宽容，或是批判，或是告诫，或是指导。我很欣幸不需要担任这样繁重的任务……我唯一的责任是罗列事实，说明这些事实如何产生。我想应用而已经为一切精神科学开始采用的近代方法，不过是把人类的事业，特别是艺术品，看作事实和产品，指出它们的特征，探求它们的原因。科学抱着这样的观点，既不禁止什么，也不宽恕什么，它只是鉴定与说明。科学不对你说："荷兰艺术太粗俗，不应当重视，只应当欣赏意大利艺术。"也不对你说："哥特式艺术是病态的，不应当重视；你只应该欣赏希腊艺术。"科学让各人按照各人的嗜好去喜爱合乎他气质的东西，特别用心研究与他精神最投机的东西。科学同情各种艺术形式和各种艺术流派，对完全相反的形式与派别一视同仁，把它们看作人类精神的不同的表现，认为形式与派别越多越相反，人类的精神面貌就表现得越多、越新颖。植物学用同样的兴趣时而研究橘树和棕树，时而研究松树和桦树；美学的态度也一样，美学本身便是一种实用植物学，不过对象不是植物，而是人的作品。因此，美学跟着目前精神科学与自然科学日益接近的潮流前进。精华科学采用了自然科学的原则、方向与谨严的态度，就能有同样稳固的基础、同样的进步。

选自丹纳《艺术哲学》，傅雷译，广西师范大学出版社2000年版

秩序与方向

【英】E. H. 贡布里希

【阅读提示】

E. H. 贡布里希(1909—2001),美学家。作者以特有的清晰、学识的深度及对各种学科的广泛兴趣,展开对人类探求时间与空间中秩序与节奏的广泛研究,解决了美学最基本的问题。通过列举各种文化背景中装饰艺术的代表作,表现了人类的一种意趣。认为在动物和儿童包括成人身上,都有一种对规律性的强烈需求。

我相信"秩序感"的存在,这个信念来源于我在分析再现时所用过的知觉理论。简而言之,这种知觉理论摈弃了把知觉过程视为被动过程的学说——卡尔·波普尔爵士给这种学说取了个名称叫"心灵水桶理论"(bucket theory of the mind)。像他那样,我相信那种认为有机体在探察、审视周围环境的过程中始终具有能动性的学说。波普尔贴切地把这种学说称作"心灵探照灯理论"(searchlight theory of the mind)。读者从我刚才所用的词语上可以看出,这种理论是以进化论者对脑子的看法为基础的。我和波普尔都认为,由于达尔文理论的问世,关于大脑的进化论看法便不可避免地产生了。即使这样,心理学教科书的许多章节至今仍然带有早于达尔文二百来年的约翰·洛克的经验主义理论的痕迹。洛克详细地阐述了"心灵水桶理论"。他认为,应该把新生婴儿的大脑看作是一块白板(tabula rasa)。不通过感觉器官,任何东西都无法进入他的脑子。只有当"各式各样的感官印象"在我们的头脑中相互缀连系合,我们才能建立起一幅外部世界的心像。"先天固有观念"(innate ideas)是不存在的,只有经验才是人类的真正老师。

这种理论的堡垒由康德首先攻破,他提出这样一个问题:如果人们先得靠经验来认识时间和空间,那么人脑又怎么可能按照时间和空间来整理安排各种感官印象呢?没有先天的框架或“存档系统”,我们就不可能感受和体验我们周围的世界,更不用说在这个世界里生存了。康德的反对理由对哲学家来说固然重要,但他更关注的是“纯粹的理性”,而不问问世上其他的有机体如何生存。他认为它们大都是些由“本能”驱使的机体。“本能”这个含义模糊的术语到底指的是什么,我们暂且不论,但一开始就该讲清楚的是,动物必定是以复杂而灵活的方式来追求自己的目的。它们要觅食、寻窝、求偶,还要设法躲避危险。近几十年来,动物行为学家的研究已使人们对动物先天固有的种种反应有了更多的了解。这方面的进展达尔文也不曾料想得到。毫无疑问,动物做出种种反应需要一定的“程序”。简要地说,动物要生存就得要有能力解决两个基本的问题,要能够回答“什么”和“哪里”这两个问题。换言之,动物必须查明它周围环境里的物体对它意味着什么,是不是需要把有些东西归类为食物的可能来源或归类为危险的潜在源泉。这两种情况无论哪一种都要求它采取适当的行动,或定居,或追踪,或逃遁。要采取这些行动就必须先有某种内在装置。这种装置现在被称作较高等动物和人所具有的“认知地图”(cognitive map),即一套坐标系统,在此坐标系统上可以把富有意义的物体标示出来。

无疑,在进化的较低级阶段,动物采取行动的能力不取决于我们所说的、本质难以捉摸的醒意识(consciousness),就连人采取行动的能力和醒意识之间也并不都存在着联系。我们的秩序感的最基本表现形式之一是平衡感。平衡感使我们知道根据地心引力的作用和周围环境中所看到的一切来确定哪是上方哪是下方。然而,只有在平衡感觉出毛病的时候,我们才会意识到它的存在。大致位于内耳里的平衡感觉器官还有待科学家去寻找和定位。我们识别意义并不总是完全有意识的。我在别的论著中讨论过一个例子,就是我们对眼睛的反应能力。我们对任何可以被解释为眼睛形状的东西很敏感,但要知道眼珠在眼窝里的确切位置及其精确形状则需要大量有意识的观察和训练。我们能感知眼睛但不能感知眼睛的形状。眼睛的形状和它的位置并非一回事。我们能够感觉出别人的视线方向,也能轻而易举地窥视同伴的眼睛。控制我们的动作的空间方向感也是本能的,但又是明显的。方向感肯定包括感知各种秩序关系,如近与远、高与低、连接与分离,以及属于时间范畴的前与后……

关于这一点,让我来引述生态学之父康拉德·洛伦茨的一段话:“草履虫(属毛虫前的一种原生动物)在撞到障碍物时会先转弯,然后任意地朝另一个方向游去。这种原始的方式表明:草履虫‘知道’外部世界的某种情况,这种情况实际上可以被称作‘客观事实’。obicere 这个词的意思是‘投掷’。‘物体’(源于 obicere) 是投掷于我们前进途中的东西,它是我们撞到的无法穿过的东西。草履虫所‘知道’的是,‘物体’阻碍了它继续朝某个方向前进,它的这种知识经得起我们这些对世界有更丰富、更详细知识的人的品评。的确,我们也许能够给这动物提点建议,要它朝较有利于它的方向游动,而不是漫无目的地随意转向。然而,它所‘知道’的情况却是非常正确的:‘路的正前方有障碍物’。”我引用这段生动的阐述,不仅是因为它强调了在有机体生命的任何阶段里都需要定向,而且还因为它说明在遇到这类情况时谨慎也是需要的。严格地讲,动物的反应是基于假设,而不是基于知识。这一点,我们可以从波普尔那里得到提醒,而洛伦茨对这一点也很清楚……

在对生物获得知识的方式与科学发现的逻辑方式进行类比时,我比较明显地依赖于波普尔的方法论,而不是上文提及的其他作者的方法论。因此,读者会发现,我较少强调要证实假设,而较多强调要“证伪”或驳倒假设。波普尔已使我相信,用任何数量的证实例子都无法确有把握地建立起某种理论,因为只要有一次证伪观察结果,便可以把理论推翻。我敢这样认为,证实和证伪之间的所谓波普尔不对称原理(Popperian Asymmetry)还没有完全被知觉心理学和知觉哲学所接受。用现存的例子来说明这种不对称是容易的。我们已经知道,洛伦茨所描述的简单动物通过撞击障碍物、通过感觉身体的震动而获得知识。我们可以把撞击和震动解释为是驳倒假设的事实。草履虫因驳倒了假设而能够继续往某个方向游动。为了强调,我想对这一点作些夸大的陈述:我把内在的假设等同于秩序感;把身体感到的震动等同于知觉。但我希望读者不会因为自己的观点与我刚才所作的陈述有冲突而掩书息读,我将对我夸大的陈述作相当大的修改。

……

大家一定会记得,威廉·霍格思曾试图以动物的行为方式来解释我们宣称的对“美的线条”——波纹线的偏爱。他写道:“这种对追寻的热爱,对为追寻而追寻的热爱,植根于我们的本性之中。它的形成无疑是为了要达到某些必要的和实用的目的。”他也许是对的,但我认为他所做的跨越太大了,一下子从生物学跳到了美学,这样做大大减弱了他解释的力度。不管怎么说,现在我关心的不是寻乐问题,而是“植根于我们的本性之中”、服务于“某些必要的和实用目的”的本能。生物体内有序的参照系足以使动物有可能追寻目标和躲避障碍，使动物对各种刺激做出反应。从逻辑上讲，动物是先有内在的参照系装置，尔后才会对各种刺激做出反应。

在此，“探照灯”的比喻可以用上了，因为它使我们想起了与最原始的知觉模式不可分割的活动。有机体必须细察它周围的环境，而且似乎还必须对照它最初对规律运动和变化所做的预测来确定它所接受到的信息的含义。我把这种内在的预测功能称作秩序感。进化的方式是多种多样的，但它们都具有一个共性，即能扩展有机体的预测能力。洛伦茨所列举的原始动物一定要等撞击到物体时才会“知道”做出反应，而特殊感觉官能会向某些动物发出逃避或追逐的警告……

尼罗河裸臀鱼的例子有助于我们进一步理解我所急切要说明的知觉与秩序之间的联系。“人们通常说尼罗河裸臀鱼使用雷达，但它使用电场的方式和蝙蝠使用超声波的方式不太相同……它的电场靠畸变磁力线来提供信息。”尼罗河裸臀鱼的装置虽然很特别，但在我看来它似乎是个说明“波普尔不对称原理”的很好例子。在艰难的生存中，我们的秩序感必须要利用这种不对称原理。尼罗河裸臀鱼的内在装置能使它发现偏离秩序准则的情况，这种秩序准则似乎以某种密码的形式编存在神经系统里。我们现在才开始懂得在某种程序上我们的空间方向感也依赖于这样的准则，我们也许可以称其为变化方向的准则。J. J. 吉布森首先让人们注意到了我们在周围环境里活动时所感受到的种种变化之中隐含着的秩序。无论我是坐在桌旁，还是手捧书本在翻阅，我所接受到的视觉信息流足以使我透过变化的“旋律”察觉出桌子或书的“不变”形状。只有当这种合乎规律的变化未能出现的时候，也就是说，只有当桌子自个儿移动起来或我们手中的书自动发生蜷缩的时候，我们才会为之震惊。我们对秩序感所作的这种引申对装饰设计理论可能产生的影响，我将在适当的地方加以讨论。

选自《秩序感——装饰艺术的心理学研究》，杨思梁、徐一维、范景中译，广西美术出版社 2015 年版

第四辑

叩响现代之门（下）

论升华

【奥地利】西格蒙德·弗洛伊德

【阅读提示】

西格蒙德·弗洛伊德(1856—1939),心理学家。弗洛伊德认为人的心理由本能冲动、认识过程和良知三部分构成。他运用精神分析方法来说明文艺与审美现象,认为文艺是性欲的升华,是潜意识的象征表现,文艺的功用在于使作者与读者受到压抑的本能、欲望,特别是性欲,得到一种"补偿"或变相的满足。

生活正如我们发现的那样,对我们来说是太艰难了;它带给我们那么多痛苦、失望和难以完成的工作。为了忍受生活,我们不能没有缓冲的措施,正如西奥多·方坦所说:"我们不能没有补救的设施。"这类措施也许有三个:强而有力的转移,它使我们无视我们的痛苦;代替的满足,它减轻我们的痛苦;陶醉的方法,它使我们对我们的痛苦迟钝、麻木。有些这类的东西是必不可少的。伏尔泰在《老实人》(*Candide*)的结尾告诫人们要耕种他们自己的花园,其目的就是为了转移,科学活动也是这类转移。代替的满足正如艺术所提供的那样,是与现实对照的幻想,但是由于幻想在精神生活中所担负的这种作用,它们仍然是精神上的满足。陶醉的方法作用于我们的身体并改变它的化学过程……

防范痛苦的另一种方式是我们心理结构所容许的"里比多"的转移,通过这一转移,这种方式的功能获得了那么多的机动性。这里的任务是改变本能的目标,使其不至于被外部世界所挫败。本能的升华借助于这一改变。如果一个人有能力增加从精神和智力工作这个源泉中获得的快乐,那么他收益是极大的。命运摆布他的力量也就小多了。正如艺术家在创作中,在实现他的幻想中得到的快乐一样,或者像科学家在解决问题或发现真理时一样，这类满足有一个特殊的性质，将来有一天，我们肯定可以用心理玄学的术语去加以描述。现在，对我们来说，只能把这样的满足比喻为“高尚的和美好的”，但是它的强度与来自野蛮的原始的本能冲动的满足的强度相比较是温和的；它并不震动我们的肉体。但是，这种方式的弱点是不能普遍适用：它只为少数人所用。它以特殊的气质和天赋为其先决条件，而这种气质和天赋在实践上是远不够普遍的。甚至对占有它们的少数人来说，这个方式也不能用来彻底防止痛苦。这个方式无法制造穿不透的盔甲来抵御命运之神的箭矢，当痛苦来自这个人自己的身体时，它常常就失去了作用。

这个过程已经清楚地表明了一个意图，即通过在内部的、精神的过程中寻求满足来使自己独立于外部世界，在第一个过程中，这些特征甚至更显著。在这个过程中，与现实的联系更加松散，满足是从幻想中获得的，它表明幻想与现实之间的差异并不干扰幻想带来的快乐。产生幻想的那个领域是想象生活，当现实感发展了的时候，这个领域显然免去了现实检验的要求，并为了实现那难以实现的愿望而保留下来。在幻想带来的快乐中居于首位的是对艺术作品的享受——靠着艺术家的能力，这种享受甚至被那些自己并没有创造力的人得到了。那些受到艺术影响的人并不能把它作为生活中快乐和安慰的源泉从而给它过高的评价，艺术在我们身上引起的温和的麻醉可以暂时抵消对生命需求的压抑，但是它决不强到可以使我们忘记现实的痛苦……

从这里，我们可以接下去考虑一个有趣的情况，在这个情况中，生活中的幸福主要得自于对美的享受，我们的感觉和判断究竟在哪里发现了美呢——人类形体和运动的美，自然对象的美，风景的美，艺术的美，甚至科学创造物的美。为了生活的目的，审美态度稍许防卫了痛苦的威胁，但是它提供了大量的补偿。美的享受具有一种感情的、特殊的、温和的陶醉性质。美没有明显的用处，也不需要刻意的修养。但文明不能没有它。美学科学的考察被认为是美的条件，但是它不能对美的本质和起源作任何说明，像往常一样，失败在于层出不穷的响亮的却是空洞的词语。不幸，精神分析学对美几乎也说不出任何话来。看来，所有这些确实是性感领域的衍生物。对美的爱好像是被抑制的冲动的最完美的例子。

“美”和“魅力”是性对象的最原始的特征。

选自《标准版弗洛伊德心理学著作全集》，张唤民译，伦敦霍格斯出版社 1955 年版

艺术即经验

【美】约翰·杜威

【阅读提示】

约翰·杜威(1859—1952),哲学家。杜威认为:"艺术的源泉存在于人的经验之中。"美感经验与日常生活之间并没有什么特殊的区别,经验是生命与其环境相互作用的结果。生命不断失去与周围环境的平衡,又不断重新建立平衡,如此反复不已,就是生命的延续过程。

一件艺术品一旦成为不朽之作,不知怎地,便和产生这件艺术品的人的环境隔绝了,和这件艺术品在实际生活经验中对人所产生的影响隔绝了。

当艺术品和它产生的条件及它在经验中所发挥的作用分离时,在艺术品的周围就砌起了一道墙。这道墙使人们对艺术品的普遍意义看不清楚,而美学理论正是阐述艺术品的普遍意义的。艺术被转移到一独立领域,它与在各种其他方式之下的人的努力、经历和成就的素材和目的之间的联系就被割断了,于是一项重要的任务便强加在论述艺术哲学的人的头上了。这项任务旨在恢复经验的高度集中与经过被提炼加工的形式——艺术品——与被公认为组成经验的日常事件活动和痛苦经历之间的延续关系。要知道高峰并不是腾空浮动的,高峰甚至也不是立足在地球上的,它是地球的一种明显的运动形式。那些研究地球学说的人士——地理学家和地质学家——的任务,就是把这一事实的种种含义阐述清楚。而从哲学的角度来探讨艺术的理论家,也有同样的任务需要完成。

如果人们同意这一见解,即使仅仅作为临时的实验,他们会发现实验的结果,乍一看来是颇为意外的。为了理解艺术品的意义,我们必须暂时忘却这些艺术品,把它们放在一边，却去求助于一般力量与条件下产生的我们通常并不认为具有美学价值的经验。只有通过迂回曲折的道路，我们才能获得艺术的理论。因为理论涉及理解、洞察——当然并非没有赞美之辞——以及通常称之为欣赏的、使感情迸发的刺激。人们可能十分欣赏一朵朵色泽娇艳、芳香扑鼻的花朵，而在理论上对植物一无所知。但是如果人们真想了解植物是如何开花的，那么他们就必须努力搞清楚决定植物生长的土壤、空气、水分和日光相互作用的一些情况。

人们要理解美的最终的和可以为大家接受的形式，必须从未被开发的美入手，必须以使人目不转睛、耳无他顾的事件和情景入手。在人用心看和听的时候，这些事件和情景引起他的兴趣，同时也给予他享受……艺术的源泉存在于人的经验之中。真正领悟这层道理的只是这样一些人：他们知道精神高度紧张、但姿态却又优美自如的球员如何在感染着观众；他们注意到家庭主妇在栽花时是如何满心喜悦，而男主人在照料屋前的那块草地时又是怎样专心致志、情趣满怀；他们看到有人观看着炉火，兴致勃勃地随手拨弄着壁炉里燃烧的木块，两眼出神地望着张牙舞爪的火焰和分崩离析的煤块。假使你问上述这些人为什么这样做，他们一定会给你合情合理的回答。那位拨弄火中木块的人会说他是为了使炉火更旺一些，但是无可否认的是他被跟前一幕幕五光十色的变化迷住了，在幻觉中，他好像自己也被卷了进去，他不再是一位冷漠的观看者了，柯勒律治关于读诗人的那番话，对于所有愉快地专心从事他们的脑力和体力活动的人来说，都是适用的："一个人读一篇诗作的时候，他想读下去，不应当仅仅是或主要是受机械的好奇心或一种冲动所驱使，也不应为了心绪不宁，急于了解最后的结局；他想读下去，是因为读整篇诗章的过程是一项愉快的活动。"

聪明的匠人干活，总想把活干好。同时，他的手艺活儿也给他满足。他对所用的材料和工具悉心爱护，怀有真诚的感情。这样的匠人可以说是在进行艺术创作。这样的工匠和笨手笨脚、满不在乎粗制滥造的工匠有天壤之别。这种差别不仅工场里存在，在艺术家的工作室里也存在。往往出现这样的情况：产品可能并不符合使用者的审美观念，但这时候与其委过于生产者，还不如委过于市场条件，因为产品是为市场设计的。如果条件和机会改变，如果有相当于早年名匠所制作的珍品，也就可能问世了。

……

现在有很多种有关艺术的理论，如果认为有充分的理由提出另一种美的哲学，那就只能依靠一种全新的观察问题的方法。如果有人想在现有的艺术理论中拼拼凑凑，移花接木，那是很容易做到的。不过，在我看来，现有理论的缺陷，都是导源于把艺术割裂的做法，或者说都是从这样一种艺术观念出发的：一味地使艺术“超脱”，不再同具体经验中的事物相联系。然而，与超脱论相反的理论，却并不是使艺术品水准下降或者庸俗物质化，而是另外一种观念：它指示艺术品如何把人人所知的经验中的美好东西加以理想化。如果大家都认为艺术品与人的经验有直接联系，那么艺术品就会具有巨大的感染力量，这是艺术分类说盛行时期所远远不可及的。

美术与平凡经验中所发现的美好东西有联系，从这一观点出发的美术观念，将能说明哪些因素与力量是能促使人的平凡活动正常地发展为有艺术价值的事物的。这种美术观念也将能指出，哪些条件会阻碍这种发展。美学理论家常常提出这样一个问题：美的哲学是否有助于培养美的鉴赏能力？这个问题是一般艺术批评理论的一个分支。如果艺术批评理论不能指出在具体的美学对象中应探索什么及可能找到什么，那么我认为艺术批评理论就没有完成它的全部任务。无论如何，除非一种艺术哲学能使我们认识在涉及其他的经验形式时艺术的作用是什么，能说明为什么这种作用发挥得如此不够，以及指出在什么条件下才能充分发挥这种作用，否则我们完全可以说这种艺术哲学是不会开花结果的。

把艺术品来自日常经验比做原材料经提炼加工成为贵重产品，这种比较，在有些人看来，即使不是想把艺术品降低为赢利的商品的一种尝试，也是不足取的。问题在于：对精致的艺术品无论唱多少赞歌，也无助于理解艺术珍品，无助于艺术珍品的产生。开花是土壤、空气、水分与种子相互作用的结果。一个人可以对这种相互作用毫不了解而仍然欣赏花，但是要真正懂花，就必须考虑这些相互作用，而理论就是为了理解或懂得某个问题。理论关心的问题是发掘艺术品的创作规律以及感受与欣赏艺术品的真谛。日常事物怎么会变成具有真正艺术性的事物呢？我们在日常生活中从某些情景获得的乐趣怎么会发展成为特别美的经验所必然产生的特殊的满足呢？这些是理论必须回答的问题。我们不可能找到回答，除非我们愿意在我们一般不认为是美的经验的事物中去寻找萌芽。我们发现了有生命力的种子，就可以顺藤摸瓜，了解这些有生命力的种子是如何发展成为最优美精致的艺术品的。

选自《艺术即经验》，巫漪云译，美国明顿—贝尔奇出版公司 1934 年版

集体无意识和原型

【瑞士】荣格

【阅读提示】

荣格(1875—1961),心理学家。创立荣格人格分析心理学理论,提出“情结”概念。荣格主张人格分为意识、个人无意识和集体无意识三层,认为集体无意识反映了人类以往历史进化过程中的集体经验。人从出生那天起,集体无意识的内容已给他的行为提供了一套预先形成的模式。这便决定了知觉和行为的选择性。

有一些文学作品——诗与散文一样——完全出于作者产生这样或那样的结果的意图。在这种情况中,作者使他的材料服从于带有明确目的的明确的处理方法;他加上一些材料,减去一些材料,强调一种效果,减轻另一种效果,这里涂上一笔,那里涂上一笔,自始至终仔细地考虑着它们的整体效果,严肃地注意着形式和风格的规律。作者运用最敏锐的判断,用最充分的自由选择他的词汇。在他看来,他的材料仅仅是材料,它们必须服从于他的艺术目的,他喜欢描述这个而不是那个。在这个活动中,诗人与创作过程合而为一,不管他是否真诚地作为创作活动的主导,或是否这个创作过程像运用工具似的利用他,以至他竟对此毫无觉察。在这两种情况中,艺术家就是创作过程本身,以至于他的目的和能力与创作活动毫无冲突。我认为,这里不必从文学史或诗人自己的表白里向你列举这类同一的例子。

同样,我也无需列举另一类艺术作品——它们自发地、完美地出自作者的手笔。它们仿佛身着盛装诞生在世界上,就像雅典娜从宙斯的脑袋里跳出来一样。这些作品主动把自己强加于作者;作者的手仿佛受别人操纵,他的笔写出了他自己都觉得惊讶的事情。作品带着自己的形式;它拒绝接受他增加的任何东西,它强迫他承认他不想承认的事情。同时,他的意识在这种现象面前表现得张皇失措,毫无办法,他被思想和想象的洪流制服了,这些思想和想象是他从来没有想到创造的,并且他的意志从来不可能形成这样的思想和想象。他被迫承认是他自己在说话,他的最内在的本质展示了它自身,而他所表达的事情是他永远不会用嘴说出来的。他只能服从他身上的这个显然异己的冲动,到它要到的地方去,同时感到他的作品比他自己还伟大,他运用非他自己的力量,这个力量是他不能控制的。他与这个创作过程不同化;他自己意识到他从属于他的作品,或者置身于作品之外,仿佛他是另一个人,一个被异己意志的魔力控制了的人。

这样,当我们讨论艺术心理学的时候,我们首先必须牢记两个完全不同的创作方式,因为艺术判断中的许多特别重要的问题都取决于这个区别。这个对立也曾被席勒感觉到,正如我们所知,他企图用概念——伤感的和质朴的——来区分它们。他这样选择表达方式也许是由于他主要想到的是诗歌创作。在心理学上,我们把伤感的叫作内向的,把质朴的叫作外向的。内向的态度的特点是坚持用主观有意识的意图和目标来反对客观的要求;相反,外向的态度的特点则是把主观放在第二位,而把客观的要求放在第一位。在我看来,席勒的戏剧和他的大多数诗歌对内向的态度给予了很好的说明:材料被诗人有意识的目的驾驭着。对于外向的态度,《浮士德》的第二部给了我们很好的说明:在这里,材料由于它自身的倔强而显现出来。一个更明显的例子是尼采的《扎拉图士特拉》,在那里,作者本人评述到如何“一变二”。

你也许会在前面的叙述中看出一个心理学观点的转变发生了,因为现在,我不再把诗人看作个人,而是看作激励他的创作过程。兴趣的焦点转移到后者上,同时,诗人仅仅被看作一个被动的客体。当作者的意识不与创作过程同化的时候,这一点是相当清楚的。但是在前一类作品中,相反的现象却占了上风。在这里,作者体现为创作进程,他按自己的自由意志来创作,一点儿也不受强迫。他甚至充分相信他的创作自由,拒绝承认他的创作不是他的意志和能力的产物。

在这里,我们面对一个我们根据艺术家提供的证据也完全不能回答的问题。这实际是一个心理学单独就可以解答的科学问题。如我前面提示过的,可能是当诗人显然按照有意识的意图进行创作时,不管他意识到没有,他不过是被创作冲动紧紧地控制住了。以至于他几乎感觉不到一个“异己的”意志,就像另外一类诗人不再感到以明显“异己的”激情对他讲话的他自己的意志,尽管那显然是他自己在讲话。他对他的创作的绝对自由的确信只是个错觉:他幻想他在游泳,其实是一股看不见的水流负载着他。

这个猜想决不是一个凭空的幻想,它基于分析心理学的经验之上。调查表明了意识不仅仅受到无意识的各种影响,实际上是被无意识用各种方法引导着。还可以从哪里找到证据,证明有意识的诗人也可以被他的作品所俘虏这一假设呢?证据分两类,一类是直接的,另一类是间接的。直接的证据可以由这样的诗人提供,他以为他知道他所说的,而实际上他说了比他感到的更多的东西。许多这样的例子可供引用。间接的证据可以在这样的情况中找到:在创作的明显的自由意志后面有一个更高的强制命令,如果创作活动被诗人自动放弃,这个更高的强制命令就重申它的专横的要求;或者,当有人不顾他的意志强行中断他的创作时,强制命令就制造精神纠纷。

对艺术家的分析不断显示出,不仅创作的冲动力来源于无意识,而且它那反复无常的和任性的性格也来自无意识。某些伟大艺术家的传记提供了创作冲动的丰富证据:它常常如此专横,以至于榨取了全部的人的心血,强迫所有的事情都为作品服务,甚至不惜以健康和人类共同的幸福为代价。艺术家头脑中尚未诞生的艺术作品是实现创作冲动的目的的生命力,不管是用专制的手段,还是用生命本身具有的狡猾的技巧来实现这一目的,都绝对无视作为它的工具的个人的命运。创造冲动在人身上生长就像一棵树在土地上生长一样,树从土地吸收养料。因此,把创作过程看作一个有生命的事物是很恰当的,它植根于人的灵魂之中。

……

与个人无意识相反———个人无意识是直接低于意识阈限的比较高的层次——集体无意识并不易于变成正常条件下的意识,也没有一种精神分析学的技术可以把它变成意识的回忆,因为它既不是被压抑的,也不是被遗忘的。不能说集体无意识是自在的个体;也就是说,它除了可能性以外,什么也不是,从原始时代起,可能性以记忆中的意象的明确形式传给我们,或者以解剖学上的大脑结构遗传给我们。它不是遗传的观念,而是观念的遗传可能性,这个可能性对最大胆的幻想也会加以明确的限制,它为我们的幻想活动提供形式:先验观念,它的存在除被经验以外决不能被确定。它们只在完成的艺术材料中作为形成它的有规律的原则表现出来,即,如果我们想要重建原始意象的古老的原型,只有通过从完成了的艺术作品得来的后验的结论。原始意象或原型是一个形象,不管它是一个精灵、一个人,还是一个过程,在历史过程中，创作幻想在哪里被自由地表现出来，这个原型就在哪里重现自己。因此它基本上是一个神话的形象。如果我们对这些意象进行进一步观察，我们就发现它们是我们祖先无数典型经验的形式化结果。可以这样说，它们是无数同类经验的精神残留物。它们平均描绘了亿万个个体经验和分配、投射在神话世界的众神身上的精神生活的图画。但是这些神话形象本身就是创造幻想的产品，它们一直等待着被翻译成概念语言。概念语言的存在只不过是矫揉造作的开端。这些概念还是被创造出来了，它们可以使我们抽象科学地理解无意识过程，这个无意识过程正是原始意象的根基。这些意象的每一个都包含一部分人类精神和人类命运，都包含在我们祖先的历史中出现过无数次的痛苦或欢乐的遗物，它们基本循着同一道路。就像灵魂中雕出了很深的河床，原来四处漫溢、又宽又浅的生活之流水突然在河床里汇成了巨大的河流。这种情况发生在一系列特殊的环境下，这种特殊环境从远古时期就有助于原始意象的确立。

神话情境再现的那一刻总是被一个特殊的感情强度所标明；仿佛我们的心弦被触动了，以前，这根弦从没响过；或者仿佛力量被释放了，对于这个力量的存在，我们甚至从没有梦到过。改造的斗争在吃力地进行着，因为我们不得不持续地处理个人的，即非典型的情况。毫不奇怪，当典型的情况发生时，我们突然感到一种极度放松的感觉，仿佛被势不可挡的力量激动或征服了一样。在这时候，我们不再是个人了，而是种系、全人类的声音在我们身上回响。个人永远不能充分使用的力量，除非一个集体的代表来帮助他，我们叫这个集体的代表为理想，它在心灵里可以释放出所有隐藏着的本能的力量，而他的意识永远不能接近这种力量。最有影响的理想总是原型的显而易见的变体，这一点被下面这个事实证明了：这些理想如此适用于比喻，例如，“祖国”这一理想即母亲的明确的比喻。比喻本身并不具有感动我们的力量，力量的源泉在祖国这一观念的象征价值之中。在这个例子里，原型是所谓原始人和生养他的土地的“神秘的关系”，并且土地本身就包含了他的祖先的精神。离乡背井就意味着苦难。

原型的效果——不管是以直接经验的形式，还是通过口语词汇——是激动人心的，因为它唤起的声音比我们自己的声音还要强壮。用原始意象讲话的人等于用一千个舌头在说话；他令人迷醉，他无比强大，同时，他把他要表达的意思提高到偶然和暂时之上，放在永存的领域中。他把个人命运变成人类的命运，在我们身上唤起所有促使人类避开每一个危险和度过漫长的黑夜的慈善力量。

这是伟大的艺术的秘密,也是艺术魅力的秘密。就我们所能领会的,创作过程存在于原型的无意识的活动之中,存在于促使这个意象向完成的作品变化和形成之中。通过给原始意象以形式,它就被翻译成当前的语言了,并使我们可能发现通往生命的最深的源泉的道路。那里有艺术的社会意义:它不断教育时代精神,它创造出时代最缺乏的形式。艺术家不满足的渴望回到无意识中的原始意象,这个原始意象正好用来补偿时代精神的不足和片面。艺术家抓住这个意象,在作品中把它从最深层的无意识中提升起来,使它与意识价值发生关系,以此改变它的形状,直到它可以被他的同时代人的精神能力所接受为止。

艺术作品的本质可以从产生它的时代的特征中去寻找。什么是现实主义和自然主义对它们时代的意义?什么是浪漫主义,或古希腊人文主义的意义?它们是艺术的意向,这个意向把无意识因素带到表面上来,而这种无意识因素是同时代精神氛围最需要的东西。作为他那个时代的教育家的艺术家一定也是今天的教育家。

选自《柏拉图以来的文学理论》,赫伯·特里德主编,张唤民译,纽约 1979 年版

心理距离说

【瑞士】爱德华·布洛

【阅读提示】

爱德华·布洛(1880—1934),美学家。布洛在美学上提出著名的“心理距离说”。所谓“心理距离”是指介于我们自身与对我们发生影响的事物(或我们都对事物的感觉)之间的距离。他认为,距离“乃是一切艺术的共同因素”,是一种“审美原则”。

联系到艺术来谈,距离这一概念能够引起人们一系列饶有兴味或者很富于思辨意义的思想活动。也许它对我们最明确的启示就是关于“实际空间”距离的概念,也即艺术作品与观众之间的距离;或者是关于“重现空间”距离的概念,也即艺术作品当中所重现出来的距离。而“时间”距离一词的含义则略欠清晰,更富于隐喻意味。关于“实际空间距离”,亚里士多德在他的著作《诗学》中已经有所论述;至于“重现空间距离”,则一直在绘画史上以透视的形式发挥着重大作用。这两种距离的区分对于区别雕塑中的圆雕与浮雕具有特别重要的理论意义。时间距离(即在时间上与我们相距遥远)尽管往往造成错觉,但是它仍然一直被人们认为是对我们的鉴赏力起着重大作用的因素。

本文所说的距离并不是从上述任何一种含义的角度上提出来的。虽然如此,但从本文的论述过程中仍可以清楚地看到,上述各种距离毋宁可以说是本文所论证的距离这一概念的一些特殊形式。不论它们具有什么样的审美特质,那也都只能是从距离的总的内涵之中推衍出来的。这种总的内涵就叫做“心理距离”。

用一段简短的说明就可以解释清楚“心理距离”的含义:设想海上起了大雾,这对于大多数人都是一种极为伤脑筋的事情。除了身体上感到的烦闷以及诸如因耽心延误日程而对未来感到忧虑之外，它还常常引起一种奇特的焦急之情，对难以预料的危险的恐惧，以及由于看不见远方，听不到声音，判别不出某些信号的方位而感到情绪紧张，船只的胡乱漂动及其发出的警报很快就会打乱旅客的心神；而且当人们处于这种情境之中时往往会伴随而来的那种特殊的，充满希冀而又缄默无言的焦急之情与紧张状态，一切都使得这场大雾变成了海上的一场大恐怖（由于它那极端的沉寂与轻飘迷茫而显得更为可怕），不论是对不谙航海的陆上居民，抑或是对于那些惯于海上生活的海员们都是这样。

然而，海上的雾也能够成为浓郁的趣味与欢乐的源泉。就像所有那些兴高采烈地登山的人们并不计较体力上的劳累及其危险性一样（尽管无可否认，有时这种情况也偶然会渗入欢乐的情绪之中，并增强欢乐之情），你也同样可以暂时摆脱海雾的上述情境，忘掉那危险性与实际的忧闷，把注意力转向“客观地”形成周围景色的种种风物——围绕着你的是那仿佛由半透明的乳汁做成的看不透的帷幕，它使周围的一切轮廓模糊而变了形，形成一些奇形怪状的形象；你可以观察大气的负荷力量，它给你形成一种印象，仿佛你只要把手伸出去，让它飞到那堵白墙的后面，你就可以摸到远处的什么能歌善舞的女怪；你瞧那平滑柔润的水面，仿佛是在伪善地否认它会预示着什么危险；最后还有那出奇的孤寂以及与世隔绝的情境，宛如只有在高山绝顶才能感受到的情况。这种经历把宁静与恐怖离奇地糅合在一起，人们可以从中尝到一种浓烈的痛楚与欢快混同起来的滋味。这种情绪与另一些方面所形成的盲目而反常的焦躁之情形成了尖锐的对比。这种对比，往往是突如其来地出现的。它像是某种片刻之间涌现出来的新的急流；或者有如强烈的亮光一闪而过，照得那些本来也许是最平常、最熟悉的物体在人们眼前突然变得光耀夺目——有时我们处在最危险的绝境的时候会领略到这种感受。此时我们的实际利益就会像一根绷得太紧的金属丝那样突然断裂，我们仿佛是怀着旁观者那些令人诧异的、无动于衷的心情来注视着某种即将来临的灾祸趋于完成。

这是一种看法上的差异，是由于距离从中作梗而造成的（请允许我作这样的比喻）。这距离就介于我们自身与我们的感受之间，这里使用感受这词儿是就其最广泛的意义上说的，指的是一切在身体上或精神上对我们发生影响的事物，它们使我们形成感觉、知觉、感情状态或观念。说距离是介于我们自身和这些事物之间与说距离是我们的这些感受的源泉或媒介往往是同一个意思，尽管不一定永远是这样的。

因此，在海雾中，距离所造成的变化，可以说，一开始就是由于使现象超脱了我们个人需要和目的的牵涉而造成的——总之，正如人们常说的，是由于“客观地”看待现象而造成的。这是由于我们只准自己产生有助于加强我们经验中的“客观”面貌的那种反应，以及甚至于将我们的“主观”感情不当作我们自身存在的模式而将其说成是现象的特性这种种情况使然。

这样说来，距离的作用确实并不简单，而是极为复杂的。它有其否定的、抑制性的一面——摒弃了事物实际的一面，也摒弃了我们对待这些事物的实际态度——也有其肯定的一面——在距离的抑制作用所创造出来的新基础上将我们的经验予以精炼。

结果，这种有距离的事物形象就不是，也不可能是我们的正常视象。照例，经验常常是以其同一个侧面对着我们的，即它那具有最强的实际吸引力的一面。通常我们对于事物的那些不能迅速地真正打动我们的侧面，总是不予理会的；另外，我们平常对于那些自己感受不到的其他印象也是意识不到的。人们平常看不到的事物背面的形象一旦突然出现就会成为对人的一种启示，确切地说，这就是艺术的启示。从这一最广泛的意义上说，距离乃是一切艺术的共同因素。

正是由于以上的原因，距离也就成了一种审美原则。人们常常把审美静观与审美观点描述成是“客观”事物，我们把莎士比亚或委拉斯凯兹(Velazquez，1599—1660，西班牙著名画家——译注)叫做“客观”艺术家，把荷马的史诗“伊里亚特”或戏剧称做“客观的”艺术作品或艺术形式。这一类词汇在讨论与批评中累见不鲜，然而，只要一加考究，其含义就颇成问题了。因为人们往往把诸如抒情诗一类的某些艺术形式称为“主观的”作品；比如往往把雪莱当成“主观”作家。另一方面，如果从“客观”一词应用于历史著作或科学论文的那种意义上来看，根本就不可能有什么真正的“客观”艺术作品；同时，就“主观”一词而论，就其日常为人们所理解的意义上说，例如理解为个人感情，一种愿望或信念的直接表述，或者某种激情的呼唤等等，那么，同样也就根本不可能有什么“主观的”艺术作品了。“客观性”与“主观性”是一双对立的范畴，它们是互相排斥的，因此用来解释艺术时就会很快引起混乱。

本文的论点之一就是要说明这些对立范畴都可以从较之更为带有根本性的距离这一概念中找到它们的会合点。

选自《美学译文》第2辑，牛耕译，中国社会科学出版社1982年版

有意味的形式

【英】克莱夫·贝尔

【阅读提示】

克莱夫·贝尔(1881—1964),美学家。提出艺术是“有意味的形式”的著名论点。在审美主体方面,认为审美情感不同于生活中的普通情感,它是一种关于形式或形式意味的情感;在审美客体方面,认为艺术作品的基本性质就是“有意味的形式”,就是以一种独特方式组合起来的线条与色彩。

所有美学体系的出发点,必须是某种独特情感的个人体验。激起这种情感的对象,我们称为艺术作品。所有敏感的人都同意这种看法:艺术作品能激起一种独特的情感。当然我并不是说所有的作品都引起相同的情感。恰恰相反,每一件艺术作品都产生一种不同的情感。但是可以看出,这些情感是属于同一类的。就此范围而言,无论如何,最佳意见在我一边。那就是:视觉艺术作品会激起一种特有的情感,这种情感可由任何一种视觉艺术所引起。它可以是绘画、雕塑、建筑、工艺品、雕刻、纺织品等等。我认为,对于任何有能力感受它的人,这都是毋庸置辩的。这种情感被称为审美情感。如果我们能在激起这种情感的所有对象中,发现某些共有的性质,那末,我们将会解决我认为是美学的中心问题。我们也将会发现艺术品的根本性质——那种将艺术品同所有其他各类对象区别开来的性质。

要末所有的视觉艺术作品都具有某种性质,要末我们在谈起“艺术作品”时,我们对它并不理解。其实,人们在谈论“艺术”时,思想上进行着一种分类工作,将“艺术作品”这一类同其他的各类加以区别。那末,如何证明这种分类的正确性? 什么是这一类的所有成员共有的性质? 无论这种性质是什么,它无疑总是伴随着其他各种性质而出现的。但是,他种性质是偶然的,而它则是本质的,必定有某种性质。没有它,一件艺术作品便不能存在;具备了它——尽管是在最小的程度上——艺术作品便不会毫无价值。这种特性是什么?能激起我们审美情感的所有对象中所共有的性质是什么?圣·索菲娅像、夏特勒的玻璃窗,墨西哥的雕刻,波斯的地毯,中国的陶瓷,乔托的帕度亚壁画以及普桑、西朗西斯卡和塞尚的杰作,在它们之中共同的性质是什么?只有一个可能的回答——有意味的形式(signiflcant form)。在每件作品中,激起我们审美情感的是以一种独特的方式组合起来的线条和色彩,以及某些形式及其相互关系。这些线条和色彩之间的相互关系与组合,这些给人以审美感受的形式,我称之为"有意味的形式"。"有意味的形式"也就是所有视觉艺术作品所共有的一种性质。

在这点上,也许有人会反对说,我把美学搞成了一种纯粹主观的学问,因为我唯一的材料就是对某些情感的个人体验。人们会说,那些激起这种情感的对象是各不相同的。因此,一种美学体系不具有客观的正确性。应该这样回答:任何自诩为建立在某种客观真实基础上的美学体系,显然都荒谬绝伦,因此不值得讨论。除了用感情去体验以外,我们没有其他方法可以辨认一件艺术作品。因为,能激起审美情感的对象各个相异。正如俗话所说,审美判断是趣味的问题。而对于趣味,正如每个人都乐于承认的,那是不必争论的。一个优秀的批评家也许能使我在一幅由于我的忽视而变得冷若冰霜的画中看出某些东西。直到最终当我体会到审美情感的时候,我便承认它为艺术作品。文艺批评的作用是不断地指出作品的主要部分,或者说它的组合如何使那些部分一同产生有意味的形式。然而,批评家仅仅告诉我某样东西是一件艺术品,那并没有用。他必须使我能够亲自体验它;而这一点他只有通过让我看才能做到。他必须从我的眼中了解我的种种情感。除非他能使我看到某种能感动我的东西,否则他不能强迫我的情感,我不能将自己无法对它作出情感反应的一样东西看作是艺术品,我也不能在我并未体验到是一件艺术品的那个事物中,寻求那种根本的性质。批评家只能通过影响我的审美体验来影响我的美学理论。所有的美学体系都必须建立在个人体验上——那就是说,它们必定是主观的。

虽然一切美学理论都必须以审美判断作基础,而且所有的审美判断最终必定是个人的趣味问题,但因此得出结论说,没有任何美学理论能具有普遍的正确性,那就太轻率了。因为,虽说感动了我的作品是A、B、C、D,而感动了你的作品则是A、D、E、F,然而很可能我们俩都相信X是自己作品单上的所有作品都具有的唯一的共性。这样，我们就可能在美学上观点一致，而在各具体的艺术作品上意见分歧。当然，我们也有可能对是否存在X这个性质持不同看法。以下，我的目标是要表明：有意味的形式，是那些感动我的所有视觉艺术作品中唯一共同的性质。我将请那些审美经验同我不相吻合的人，以他们的判断来看一看，这种性质是否也是能感动他们的作品中所共同具有的，他们是否还能发现任何其他与此有相同作用的性质。

在这点上，同样也出现了一个疑问——虽则实际上并不相干，但却几乎不能搪塞："为什么以某种方式联系起来的种种形式，会如此深切地感动我们？"问题是极其有趣的，但却与美学无关。在纯美学中，我们只需考虑我们的情感和它的对象：仅仅为了美学，我们没有权利，也没有必要到审美对象背后去窥视那位创作者的精神状态。不过，在以后的文章中，我将试着回答这个问题。因为通过这种回答，我也许能发挥自己关于艺术与生活的关系的理论。然而，我不会幻想我用这一点来完成自己的美学理论体系。因为，开展美学讨论，需要取得一致的只是：根据某些未知的神秘的规律排列组合起来的形式，确实能以一种独特的方式感动我们。而为感动我们，应将它们如何排列组合，那是艺术家的事情。为了方便起见，为了某个理由（我将在后文提出它），我将这些令人心动的种种排列与组合，称为"有意味的形式"。

选自《艺术》，姜庆国译，伦敦查图与温都斯出版公司1949年版

科学本身就富有诗意

[英]赫·斯宾塞

【阅读提示】

赫·斯宾塞(1820—1903),教育家。赫·斯宾塞认为,教育是为我们准备完美的生活。科学知识在教育中的重要意义和作用,每一个艺术门类,无论是欣赏还是创作,都要有特定的科学知识做支撑。他指出,科学本身就有诗意,一个从未做过科学探讨的人对于他四周的诗意大部分是茫然无知的。

现在我们到了人类生活中剩下的一个范围,包括闲暇时间消遣和娱乐的那个范围。在考虑了什么训练能最好地保全自己、谋生、尽父母的职责和调节社会政治行为各方面做好准备后,现在我们要考虑什么训练能为这些范围中所未包括的各项目的,为了欣赏自然、文学、艺术的各种形式做好准备。照我们这样把他们推迟到那些对人类福利关系较密切的事情后面,又照我们这样拿实在价值去检验一切东西;或许有人会认为我们不免有点轻视这些次要的东西。如果这样,那可是再大不过的错误,但我们对于审美文化和娱乐的价值估计并不比任何人低。没有油画、雕塑、音乐、诗歌以及各种自然美所引起的情感,人生乐趣会失掉一半,所以我们决不认为这些爱好的训练和满足无关紧要,我们相信今后它们会在人类生活中比现在占有更大的份额。到了自然的力量已经完全被人征服供人使用,到了生产的方式已经达到圆满地步,到了劳动力已经节约到最高程度,到了教育已经安排得当,能比较迅速地为较重要的活动做好准备,到了因此而有大量增加的闲暇时间,那时候艺术和自然中美的东西就很合理地在所有人的心中占很高地位。

但是同意审美文化对人类幸福大有帮助,是一回事;承认它为人类幸福中根本必需,又是一回事。无论它多么重要,它必须让那些与生活职责直接相关的那几种文化领先,像在前面已提到的,有了使个人和社会生活成为可能的那些活动,文学艺术的创作才有可能;得到可能性的东西显然要放在使它可能的东西的后面。养花的为了花来培育一株植物;他承认根和叶的价值主要在于有了根和叶才会有花。可是虽然从最后产品看,花是压倒一切的东西,但一个养花的人知道得很清楚,根和叶有很大的内在重要性;因为要靠它们才能有花。他无微不至地培养一株欣欣向荣的植物,也明白如果只着急要花朵而忽略了那植物,则是很笨的。我们面前的情况也是一样。建筑、雕塑、油画、音乐、诗歌等等,的确可以说是文化生活中的花朵。但是尽管认为它们有这样超出一切的价值,以致压倒使它们生长的文化生活(只怕不好这样说),还是要承认必须首先考虑建立一个有健全文化的生活;而为此服务的培育工作必须占最高地位。

我们教育制度的缺点在这里就看得最明显。它为了花而忽略了植物,为了美丽就忘了实质。这个制度不供给有助于保全自己的知识;对于帮助谋生的知识,它只粗略给一点,而让大部分到日后生活中去碰运气取得;对于完成父母的职能它全不顾到;对于公民职责它给予了一堆知识,许多是无关的,剩下的也缺乏钥匙;它可是勤勤恳恳地教那些增加虚文华饰的东西。尽管我们充分承认精通现代语言是个有价值的成就,承认通过阅读、谈话、旅行,那成就能帮助我们得到一些光彩;也决不能因此就说为了取得这结果而牺牲十分重要的知识是正确的。假定古典教育真能使人文辞优美得体,还是不能说文辞优美得体同熟悉教养儿童的指导原则有同等重要。尽管承认读了古典诗歌可以提高一个人的欣赏能力,还是不能认为这种欣赏力的提高同懂得健康的规律有同等价值。这些才艺、艺术、纯文学以及一切组成我们所谓文化之花的东西都应该全部放在为文化打基础的教育和训练之下。他们在生活中既是占闲暇的部分,在教育中也应该是占闲暇的部分。

……

准备从事雕塑的青年人一定要熟悉人体骨骼肌肉的分布、联系和动作。这是科学的一部分;需要告诉他这些东西,免得他犯那些不懂得这些事情的雕塑者所犯的许多错误。力学原理也是必要的;经常发现的一些严重的力学上的错误,就因为一般都缺乏这知识。为了一座塑像的稳定,从重心向下的垂直线,叫做“方向线”的,必须落在支座以内;而因此一个人“稍息”站着,一腿直立一腿松弛的时候,方向线是落在那直立着的腿的范围内的。但是就有不少不熟悉平衡理论的雕塑者在表现这姿势时使方向线落在两只脚中间。不知道运动定律也引起类似的错误;例如著名的掷铁饼者的雕塑,照那站法,只要把铁饼抛出,人就非朝前倒下不可。

在绘画中科学知识的需要就更突出;如果不是理论知识,至少要是经验的知识。中国画的古怪还不是由于它完全不顾外貌的规律,由于它那个不合理的线性透视和缺乏空中透视吗?儿童图画的错误在那里,还不是多半由于不懂得事物的外貌是随情况转移而同样地缺乏真实性吗?只要回忆一下教学生那些书本和演讲;考虑一下拉斯金的评论;或看看拉斐尔以前的画家的作品,你很可以看出油画的进步中就意味着在怎样表达自然效果那方面知识的增长。如果没有科学的帮助,最认真的观察也难免有错。每一个画家都会同意除非知道在特定情况下一定有什么外貌,时常就会看不出它来;而要知道一定有什么外貌就要在那程度上了解外貌的科学。因为缺乏科学,杰·路易士先生尽管是一个深思熟虑的画家,可是却把一个格子窗的影子用清晰的线条画在对面墙上;如果他熟悉"半影"的现象就不会这样做了。因为缺乏科学,罗赛蒂先生见到了某种带毛的表面在特殊采光情况下有奇特的彩虹色现象(这彩虹色是因光线经过毛发的衍射引起的),就错误地在不可能有这种彩虹色的表面和位置上也都画上了。

说音乐也需要科学的帮助,会引起更多的惊讶。但是可以指出,音乐只不过是把情绪的自然语言加以理想化;因此音乐的好坏一定要看它是否遵照这个自然语言的规律。由于感情的不同和感情的强弱而引起声调的各种抑扬顿挫是音乐发展的根源。这些抑扬和顿挫也可以进一步看出不是偶然的或武断的;而是由某些生活活动的一般原理所决定的,因此它们就能表达情感。因此,乐句和它们所组成的旋律只在与这些一般原理协调时才能产生效果,要在这里恰当地举例说明这种情况颇不容易。或许指出那一些涌进客厅来的毫无价值的故事民歌就够了,那些作品都是科学所不容许的。它们对科学所犯的罪恶就在于用音乐写下一些观念,而这些观念中的情绪并没达到要求音乐表达的程度;它们的罪恶也在于所用的音乐短句与所表达的观念之间并无自然联系,尽管其中有些是情绪的观念,它们之不好就因为不真实,而说它们不真实就是说它们不科学。

甚至在诗歌中也有同样的情况。同音乐一样,诗歌的根源就在那些有深厚感情时的自然表达方式。它的节奏,它的强烈的多量的比喻,它的夸大的形容,它的极度的倒装,都只是把激动语言的特点加以夸张而已。所以诗要作的好,就必须注意激动的语言所遵循的那些神经活动规律，在加强这些激动语言的特点和加以组合的时候相互排斥，当然不错。思考力的极端活动容易使感情迟钝，感情的极端活动容易使思考力迟钝，也无疑是不错的。就这方面说，各种活动都是彼此对抗的，但是说科学的事实毫无诗意，或科学的修养就一定不利于想象的运用或美的爱好，那就不对了。相反地，科学正是在那些不懂科学的人看来全是茫然的地方去开辟一些富有诗意的领域。研究科学的人经常告诉我们，他们体会所研究的对象中的诗意，并不比别人欠鲜明，反而更鲜明清楚。任何阅览过休·米勒的地质学著作或读过刘易斯的《海滨研究》的人，都会发觉科学是在激发诗意而不是在扑灭它。每一个考虑过歌德生平的人都看得出诗人和科学家可以并存而从事同等分量的活动，如果说一个人对自然研究得多了就会不那么尊敬它，难道不正是荒谬和几乎亵渎的信念吗？你会设想一滴水，在俗人眼中看来只是一滴水，而一个物理学家懂得了它的元素是由一个力量集结在一起，而那力量突然释放时可以引起闪电，在他的眼中那滴水会失掉什么吗？你会设想在普通人不经意地看来只是雪花的东西，对于一个曾在显微镜中见过雪的结晶的奇妙多样形式的人不会引起一些较高的联想吗？你会设想一块划了些平行线痕迹的圆岩石，对一个无知的人和一个知道一百万年前冰河曾在这岩石上滑过的地质学家，能激起同样多的诗意吗？事实上，一个从未做过科学探讨的人对于他四周的诗意大部分是茫然无知的。一个在青年时代未曾采集过植物和昆虫的人对于乡间小道树丛能引起的莫大乐趣就懂不到一半。没有寻找过化石的人就很少知道发现那宝藏的附近有些什么带诗意的联想。住在海边然而缺乏显微镜和养鱼箱的人，就还要学习海滨的最大乐趣是什么。看到许多人忙于细微末节而忽视最宏伟的现象，真是令人伤心。他们不求了解天体的结构，却埋头钻研关于苏格兰玛丽女王(Mary Queen of Scots)私生活的无聊争辩！对于一首希腊诗歌去考证辩论，可是对上帝在地球的地层上写下的伟大史诗却一眼都不瞧！

因此我们看出就是为了人类活动中剩下来的这一部分，正确的准备工作还是靠科学的文化。我们看出美学一般必须以科学原理为根基。而只有熟悉这些原理，工作才能完全成功。我们看出对艺术品的批评和适当的欣赏需要懂得事物的组成，也就是要懂得科学。我们不只看出科学是为一切形式的艺术诗歌服务，而且看得正确的话，科学本身就富有诗意。

节选自《斯宾塞教育论著选》，胡毅、王承绪译，人民教育出版社 2001 年版

教育之宗旨

王国维

【阅读提示】

王国维(1877—1927),美学家。王国维是试图把西方美学、文学理论融于中国传统美学和文学理论中,构成新的美学和文学理论体系第一人。他倡导美育,提出教育的宗旨是培养完全的人。认为美育的意义在于,既使人感情发达、精神完美,也是促进德育智育的有力手段。

教育之宗旨何在?在使人为完全之人物而已。何谓完全之人物?谓人之能力无不发达且调和是也。人之能力分为内外二者:一曰身体之能力,一曰精神之能力。发达其身体而萎缩其精神,或发达其精神而罢敝其身体,皆非所谓完全者也。完全之人物,精神与身体必不可不为调和之发达。而精神之中又分为三部:知力、感情及意志是也。对此三者而有真美善之理想:"真"者知力之理想,"美"者感情之理想,"善"者意志之理想也。完全之人物不可不备真美善之三德,欲达此理想,于是教育之事起。教育之事亦分为三部:智育、德育(即意育)、美育(即情育)是也。如佛教之一派,及希腊罗马之斯多噶派,抑压人之感情而使其能力专发达于意志之方面;又如近世斯宾塞尔之专重智育,虽非不切中一时之利弊,皆非完全之教育也。完全之教育,不可不备此三者,今试言其大略。

一、智育

人苟欲为完全之人物,不可无内界及外界之知识,而知识之程度之广狭,应时地不同。古代之知识至近代而觉其不足，闭关自守时之知识，至万国交通时而觉其不足。故居今之世者，不可无今世之知识。知识又分为理论与实际二种；溯其发达之次序，则实际之知识常先于理论之知识，然理论之知识发达后，又为实际之知识之根本也。一科学如数学、物理学、化学、博物学等，皆所谓理论之知识。至应用物理、化学于农工学，应用生理学于医学，应用数学于测绘等，谓之实际之知识。理论之知识乃人人天性上所要求者，实际之知识则所以供社会之要求，而维持一生之生活。故知识之教育，实必不可缺者也。

二、德育

然有知识而无道德，则无以得一生之福祉，而保社会之安宁，未得为完全之人物也。夫人之生也，为动作也，非为知识也。古今中外之哲人无不以道德为重于知识者，故古今中外之教育无不以道德为中心点。盖人人至高之要求，在于福祉，而道德与福祉实有不可离之关系。爱人者人恒爱之；敬人者人恒敬之。不爱敬人者反是。如影之随形，响之随声，其效不可得而诬也。《书》云："惠迪，吉；从逆，凶。"希腊古贤所唱福德合一论，固无古今中外之公理也。而道德之本原又由内界出而非外铄我者。张皇而发挥之，此又教育之任也。

三、美育

德育与智育之必要，人人知之，至于美育有不得不一言者。盖人心之动，无不束缚于一己之利害；独美之为物，使人忘一己之利害而入高尚纯洁之域，此最纯粹之快乐也。孔子言志，独与曾点；又谓"兴于诗"，"成于乐"。希腊古代之以音乐为普通学之一科，及近世希痕林、希尔列尔等之重美育学，实非偶然也。要之，美育者一面使人之感情发达，以达完美之域；一面又为德育与智育之手段，此又教育者所不可不留意也。

然人心之知情意三者，非各自独立，而互相交错者。如人为一事时，知其当为者"知"也，欲为之者"意"也，而当其为之前(后)又有苦乐之"情"伴之：此三者不可分离而论之也。故教育之时，亦不能加以区别。有一科而兼德育智育者，有一科而兼美育德育者，又有一科而兼此三者。三者并行而得渐达真善美之理想，又加以身体之训练，斯得为完全之人物，而教育之能事毕矣。

教育之宗旨
- 体育
- 心育
  - 智育
  - 德育
  - 美育
  - → 完全之人物

选自《王国维文集》，中国文史出版社 2007 年版

对于教育方针之意见

蔡元培

【阅读提示】

蔡元培(1868—1940),教育家。蔡元培力倡美育,把美育列为国民教育的宗旨之一,并且积极实践,具体提出了美育的实施方法,主张学校的所有课程都与美育有关;认为美育能促进智力发展,激发人们创造精神。他提出"以美育代宗教"的著名口号,强调"美育是一种重要的世界观教育"。

近日在教育部与诸同人新草学校法令,以为征集高等教育会议之预备,颇承同志饷以说论。顾关于教育方针者殊寡。辄先述鄙见以为喤引,幸海内教育家是正之。

教育有二大别:曰隶属于政治者;曰超轶乎政治者。专制时代(兼立宪而含专制性质者言之),教育家循政府之方针以标准教育,常为纯粹之隶属政治者。共和时代,教育家得立于人民之地位以定标准,乃得有超轶政治之教育。清之季世,隶属政治之教育,腾于教育家之口者,曰军国民教育。夫军国民教育者,与社会主义舛驰,在他国已有道消之兆。然在我国则强邻交逼,亟图自卫,而历年丧失之国权,非凭借武力,势难恢复。且军人革命以后,难保无军人执政之一时期,非行举国皆兵之制,将使军人社会永为全国中特别之阶级,而无以平均其势力。则如所谓军国民教育者,诚今日所不能不采者也。

虽然,今日之世界所恃以竞争者,不仅在武力,而尤在财力,且武力之半,亦由财力而孳乳。于是有第二之隶属政治者,曰实利主义之教育,以人民生计为普通教育之中坚。其主张最力者,至以普通学术,悉寓于树艺、烹饪、裁缝及金、木、土工之中。此其说创于美洲,而近亦盛行于欧陆。我国地宝不发,实业界之组织尚幼稚,人民失业者至多，而国甚贫。实利主义之教育，固亦当务之急者也。

是二者，所谓强兵富国之主义也。顾兵可强也，然或溢而为私斗，为侵略，则奈何？国可富也，然或不免知欺愚，强欺弱，而演贫富悬绝，资本家与劳动家血战之惨剧，则奈何？曰教之以公民道德。何谓公民道德？曰法兰西之革命也，所标揭者，曰自由、平等、亲爱。道德之要旨，尽于是矣。孔子曰："匹夫不可夺志。"孟子曰："大丈夫者富贵不能淫，贫贱不能移，威武不能屈。"自由之谓也。古者盖谓之义。孔子曰："己所不欲，勿施于人。"子贡曰："我不欲人之加诸我也，吾亦欲毋加诸人。"《礼·大学纪》曰："所恶于前，毋以先后；所恶于后，毋以从前；所恶于右，毋以交于左；所恶于左，毋以交于右。"平等之谓也。古者盖谓之恕。自由者，就主观而言之也。然我欲自由，则亦当尊人之自由，故通于客观。平等者，就客观而言之也。然我不以不平等遇人，则亦不容人之以不平等遇我，故通于主观。二者相对而实相成，要皆由消极一方面言之。苟不进之以积极之道德，则夫吾同胞中，固有因生禀之不齐，境遇之所迫，企自由而不遂，求与人平等而不能者。将一切恝置之，而所谓自由若平等之量，仍不能无缺陷。孟子曰："鳏寡孤独，天下之穷民而无告者也。"张子曰："凡天下疲癃残疾茕独鳏寡，皆吾兄弟之颠连而无告者也。"禹思天下有溺者，由己溺之。稷思天下有饥者，由己饥之。伊尹思天下之人，匹夫匹妇有不与被尧舜之泽者，若己推而纳之沟中。孔子曰："己欲立而立人，己欲达而达人。"亲爱之谓也。古者盖谓之仁。三者诚一切道德之根源，而公民道德教育之所有事者也。

教育而至于公民道德，宜若可为最终之鹄的矣。曰，未也。公民道德之教育，犹未能超轶乎政治者也。世所谓最良政治者，不外乎以最大多数之最大幸福为鹄的。最大多数者，积最少数之一人而成者也。一人之幸福，丰衣足食也，无灾无害也，不外乎现世之幸福。积一人幸福而为最大多数，其鹄的犹是。立法部之所评议，行政部之所执行，司法部之所保护，如是而已矣。即进而达礼运之所谓大道为公，社会主义家所谓未来之黄金时代，人各尽其所能，而各得其所需要，要亦不外乎现世之幸福。盖政治之鹄的，如是而已矣。一切隶属政治之教育，充其量亦如是而已矣。

虽然，人不能有生而无死。现世之幸福，临死而消灭。人而仅仅以临死消灭之幸福为鹄的，则所谓人生者有何等价值乎？国不能有存而无亡，世界不能有成而无毁，全国之民，全世界之人类，世世相传，以此不能不消灭之幸福为鹄的，则所谓国民若人类者，有何等价值乎？且如是，则就一人而言之，杀身成仁也，舍生取义也，舍己而为群也,有何等意义乎?就一社会而言之,与我以自由乎,否则与我以死。争一民族之自由,不至沥全民族最后之一滴血不已,不至全国为一大冢不已,有何等意义乎?且人既无一死生破利害之观念,则必无冒险之精神,无远大之计划,见小利,急近功,则又能保其不为失节堕行身败名裂之人乎?谚曰:当局者迷,旁观者清。非有出世间之思想者,不能善处世间事,吾人即仅仅以现世幸福为鹄的,犹不可无超轶现世之观念,况鹄的不止于此者乎?

以现世幸福为鹄的者,政治家也;教育家则否。盖世界有二方面,如一纸之有表里:一为现象,一为实体。现象世界之事为政治,故以造成现世幸福为鹄的;实体世界之事为宗教,故以摆脱现世幸福为作用。而教育者,则立于现象世界,而有事于实体世界者也。故以实体世界之观念为其究竟之大目的,而以现象世界之幸福为其达于实体观念之作用。

然则现象世界与实体世界之区别何在耶?曰,前者相对,而后者绝对。前者范围于因果律,而后者超轶乎因果律。前者与空间时间有不可离之关系,而后者无空间时间之可言。前者可以经验,而后者全恃直观。故实体世界者,不可名言者也。然而既以是为观念之一种矣,则不得不强为之名,是以或谓之道,或谓之太极,或谓之神,或谓之黑暗之意识,或谓之无识之意志。其名可以万殊,而观念则一。虽哲学之流派不同,宗教家之仪式不同,而其所到达之最高观念皆如是。(最浅薄之唯物论哲学,及最幼稚之宗教祈长生求福利者,不在此例)。

然则教育家何以不结合于宗教,而必以现象世界之幸福为作用?曰,世固有厌世派之宗教若哲学,以提撕实体世界观念之故,而排斥现象世界。因以现象世界之文明为罪恶之源,而一切排斥之者。吾以为不然。现象实体,仅一世界之两方面,非截然为互相冲突之两世界。吾人之感觉,既托于现象世界,则所谓实体者,即在现象之中,而非必灭乙而后生甲。其现象世界间所以为实体世界之障碍者,不外二种意识:一、人我之差别,二、幸福之营求是也。人以自卫力不平等而生强弱,人以自存力不平等而生贫富。有强弱贫富,而彼我差别之意识起。弱者贫者,苦于幸福之不足,而营求之意识起。有人我,则于现象中有种种之界画,而与实体违。有营求则当其未遂,为无已之苦痛。及其既遂,为过量之要素。循环于现象之中,而与实体隔。能剂其平,则肉体之享受,纯任自然,而意识界之营求泯,人我之见亦化。合现象世界个别之意识为浑同,而得与实体吻合焉。故现世幸福,为不幸福之人类到达于实体世界之一种作用，盖无可疑者。军国民、实利两主义，所以补自卫自存之力之不足。道德教育，则所以使之互相卫互相存，皆所以泯营求而忘人我者也。由是而进以提撕实体观念之教育。

提撕实体观念之方法如何？曰，消极方面，使对于现象世界，无厌弃而亦无执著；积极方面，使对于实体世界，非常渴慕而渐进于领悟。循思想自由言论自由之公例，不以一流派之哲学一宗门之教义梏其心，而惟时时悬一无方体无始终之世界观以为鹄。如是之教育，吾无以名之，名之曰世界观教育。

虽然，世界观教育，非可以旦旦而聒之也。且其与现象世界之关系，又非可以枯槁单简之言说袭而取之也。然则何道之由？曰，由美感之教育。美感者，合美丽与尊严而言之，介乎现象世界与实体世界之间，而为之津梁。此为康德所创造，而嗣后哲学家未有反对之者也。在现象世界，凡人皆有爱恶惊惧喜怒悲乐之情，随离合生死祸福利害之现象而流转。至美术，则即以此等现象为资料，而能使对之者，自美感以外，一无杂念。例如采莲煮豆，饮食之事也，而一入诗歌，则别成兴趣。火山赤舌，大风破舟，可骇可怖之景也，而一入图画，则转堪展玩。是则对于现象世界，无厌弃而亦无执著也。人既脱离一切现象世界相对之感情，而为浑然之美感，则即所谓与造物为友，而已接触于实体世界之观念矣。故教育家欲由现象世界而引以到达于实体世界之观念，不可不用美感之教育。

五者，皆今日之教育所不可偏废者也。军国民主义、实利主义、德育主义三者，为隶属于政治之教育。（吾国古代之道德教育，则间有兼涉世界观者，当分别论之。）世界观、美育主义二者，为超轶政治之教育。

以中国古代之教育证之，虞之时，夔典乐而教胄子以九德，德育与美育之教育也。周官以卿三物教万民，六德六行，德育也。六艺之射御，军国民主义也。书、数，实利主义也。礼为德育，而乐为美育。以西洋之教育证之，希腊人之教育，为体操与美术，即军国民主义与美育也。欧洲近世教育家，如海尔巴脱氏，纯持美育主义。今日美洲之杜威派，则纯持实利主义者也。

以心理学各方面衡之，军国民主义毗于意志；实利主义毗于知识；德育兼意志情感二方面；美育毗于情感；而世界观则统三者而一之。

以教育界之分言三育者衡之，军国民主义为体育；实利主义为智育；公民道德及美育毗于德育；而世界观则统三者而一之。

以教育家之方法衡之，军国民主义、世界观、美育，皆为形式主义；实利主义为实质主义；德育则二者兼之。

譬之人身，军国民主义者，筋骨也，用以自卫；实利主义者，胃肠也，用以营养；公民道德者，呼吸机循环机也，周贯全体；美育者，神经系也，所以传导；世界观者，心理作用也，附丽于神经系而无迹象之可求。此即五者不可偏废之理也。

本此五主义而分配于各教科，则视各教科性质之不同，而各主义所占之分数，亦随之而异。国语国文之形式，其依准文法者属于实利，而依准美词学者属于美感。其内容则军国民主义当占百分之十，实利主义当占其四十，德育当占其二十，美育当占其二十五，而世界观则占其五。

修身，德育也，而以美育及世界观参之。

历史、地理，实利主义也。其所叙述，得并存各主义。历史之英雄，地理之险要及战绩，军国民主义也。记美术家及美术沿革，写各地风景及所出美术品，美育也。记圣贤，述风俗，德育也。因历史之有时期，而推之于无终始，因地理之有涯涘，而推之于无方体，及夫烈士、哲人、宗教家之故事及遗迹，皆可以为世界观之导线也。

算学，实利主义也，而数为纯然抽象者。希腊哲人毕达哥拉士以数为万物之原，是亦世界观之一方面，而几何学各种线体，可以资美育。

物理、化学，实利主义也。原子电子，小莫能破，爱耐而几(energy)①，范围万物，而莫知其所由来，莫穷其所究竟，皆世界观之导线也。视官听官之所触，可以资美感者尤多。

博物学，在应用一方面，为实利主义。而在观感一方面，多为美感。研究进化之阶段，可以养道德，体验造物之万能，可以导世界观。

图画，美育也，而其内容得包含各种主义：如实物画之于实利主义，历史画之于德育是也。其至美丽至尊严之对象，则可以得世界观。

唱歌，美育也，而其内容，亦可以包含种种主义。

手工，实利主义也，亦可以兴美感。

游戏，美育也；兵式体操，军国民主义也；普通体操，则兼美育与军国民主义二者。

上之所著，仅具辜较，神而明之，在心知其意者。

---

① energy：能，能量。

满清时代，有所谓钦定教育宗旨者，曰忠君，曰尊孔，曰尚公，曰尚武，曰尚实。忠君与共和政体不合，尊孔与信教自由相违（孔子之学术，与后世所谓儒教孔教当分别论之。嗣后教育界何以处孔子，及何以处孔教，当特别讨论之，兹不赘），可以不论。尚武，即军国民主义也。尚实，即实利主义也。尚公，与吾所谓公民道德，其范围或不免有广狭之异，而要为同意。惟世界观及美育，则为彼所不道，而鄙人尤所注重。故特疏通而证明之，以质于当代教育家，幸教育家平心而讨论焉。

选自《蔡元培美学文选》，北京大学出版社 1983 年 4 月版

第五辑

嬗变与升华

人也按照美的规律来构造

【德】卡尔·马克思

【阅读提示】

卡尔·马克思(1818—1883),思想家。马克思首次深刻揭示了"人的自然性"和"人的社会性",提出人是自然界的一部分,劳动使人根本超越动物,是人与动物的首要区别。人的劳动在本质上不同于动物。人的劳动是自觉的、自由的,是有意识、有目的的,而只有达到自由、自觉、自为状态的生产、生命活动才是美的。

人是类存在物,不仅因为人在实践上和理论上都把类——他自身的类以及其他物的类——当做自己的对象;而且因为——这只是同一种事物的另一种说法——人把自身当做现有的、有生命的类来对待,因为人把自身当做普遍的因而也是自由的存在物来对待。

无论是在人那里还是在动物那里,类生活从肉体方面来说就在于人(和动物一样)靠无机界生活,而人和动物相比越有普遍性,人赖以生活的无机界的范围就越广阔。从理论领域来说,植物、动物、石头、空气、光等等,一方面作为自然科学的对象,一方面作为艺术的对象,都是人的意识的一部分,是人的精神的无机界,是人必须事先进行加工以便享用和消化的精神食粮;同样,从实践领域来说,这些东西也是人的生活和人的活动的一部分。人在肉体上只有靠这些自然产品才能生活,不管这些产品是以食物、燃料、衣着的形式还是以住房等等的形式表现出来。在实践上,人的普遍性正是表现为这样的普遍性,它把整个自然界——首先作为人的直接的生活资料,其次作为人的生命活动的对象(材料)和工具——变成人的无机的身体。自然界,就它自身不是人的身体而言,是人的无机的身体。人靠自然界生活。这就是说,自然界是人为了不致死亡而必须与之处于持续不断的交互作用过程的、人的身体。所谓人的肉体生活和精神生活同自然界相联系，不外是说自然界同自身相联系，因为人是自然界的一部分。

异化劳动，由于(1) 使自然界同人相异化，(2) 使人本身，使他自己的活动机能，使他的生命活动同人相异化，因此，异化劳动也就使类同人相异化；对人来说，异化劳动把类生活变成维持个人生活的手段。第一，它使类生活和个人生活异化；第二，它把抽象形式的个人生活变成同样是抽象形式和异化形式的类生活的目的。

因为，首先，劳动这种生命活动、这种生产生活本身对人来说不过是满足一种需要即维持肉体生存的需要的一种手段。而生产生活就是类生活。这是产生生命的生活。一个种的整体特性、种的类特性就在于生命活动的性质，而自由的有意识的活动恰恰就是人的类特性。生活本身仅仅表现为生活的手段。

动物和自己的生命活动是直接同一的。动物不把自己同自己的生命活动区别开来。它就是自己的生命活动。人则使自己的生命活动本身变成自己意志的和自己意识的对象。他具有有意识的生命活动。这不是人与之直接融为一体的那种规定性。有意识的生命活动把人同动物的生命活动直接区别开来。正是由于这一点，人才是类存在物。或者说，正因为人是类存在物，他才是有意识的存在物，就是说，他自己的生活对他来说是对象。仅仅由于这一点，他的活动才是自由的活动。异化劳动把这种关系颠倒过来，以致人正因为是有意识的存在物，才把自己的生命活动，自己的本质变成仅仅维持自己生存的手段。

通过实践创造对象世界。改造无机界，人证明自己是有意识的类存在物，就是说是这样一种存在物，它把类看做自己的本质，或者说把自身看做类存在物。诚然，动物也生产。动物为自己营造巢穴或住所，如蜜蜂、海狸、蚂蚁等。但是，动物只生产它自己或它的幼仔所直接需要的东西；动物的生产是片面的，而人的生产是全面的；动物只是在直接的肉体需要的支配下生产，而人甚至不受肉体需要的影响也进行生产，并且只有不受这种需要的影响才进行真正的生产；动物只生产自身，而人再生产整个自然界；动物的产品直接属于它的肉体，而人则自由地面对自己的产品。动物只是按照它所属的那个种的尺度和需要来构造，而人却懂得按照任何一个种的尺度来进行生产，并且懂得处处都把固有的尺度运用于对象；因此，人也按照美的规律来构造。

因此，正是在改造对象世界的过程中，人才真正地证明自己是类存在物。这种生产是人的能动的类生活。通过这种生产,自然界才表现为他的作品和他的现实。因此,劳动的对象是人的类生活的对象化:人不仅像在意识中那样在精神上使自己二重化,而且能动地、现实地使自己二重化,从而在他所创造的世界中直观自身。因此,异化劳动从人那里夺去了他的生产对象,也就从人那里夺去了他的类生活,即他的现实的类对象性,把人对动物所具有的优点变成缺点,因为人的无机的身体即自然界被夺走了。

同样,异化劳动把自主活动、自由活动贬低为手段,也就把人的类生活变成维持人的肉体生存的手段。

因此,人具有的关于自己的类的意识,由于异化而改变,以致类生活对他来说竟成了手段。

这样一来,异化劳动导致:

(3) 人的类本质,无论是自然界,还是人的精神的类能力,都变成了对人来说是异己的本质,变成了维持他的个人生存的手段。异化劳动使人自己的身体同人相异化,同样也使在人之外的自然界同人相异化,使他的精神本质、他的人的本质同人相异化。

(4) 人同自己的劳动产品、自己的生命活动、自己的类本质相异化的直接结果就是人同人相异化。当人同自身相对立的时候,他也同他人相对立。凡是适用于人对自己的劳动、对自己的劳动产品和对自身的关系的东西,也都适用于人对他人、对他人的劳动和劳动对象的关系。

总之,人的类本质同人相异化这一命题,说的是一个人同他人相异化,以及他们中的每个人都同人的本质相异化。

选自《1844年经济学哲学手稿》,《马克思恩格斯文集》第1卷,人民出版社2009年版

五官感觉的形成是迄今为止全部世界历史的产物

【德】卡尔·马克思

【阅读提示】

卡尔·马克思(1818—1883),思想家。马克思提出了人化自然的思想,认为劳动不但改造了自然,而且也创造、完善、丰富和扩充着劳动者自己。人的生产,不论是物质生产还是精神生产,都会根据物种的尺度和内在的尺度,按照美的规律来构造。审美的感性不是纯感性的,而是积淀着、贮存着理性,审美的感觉蕴含着理性的基质。

因此,对私有财产的扬弃,是人的一切感觉和特性的彻底解放;但这种扬弃之所以是这种解放,正是因为这些感觉和特性无论在主体上还是在客体上都成为人的。眼睛成为人的眼睛,正像眼睛的对象成为社会的、人的、由人并为了人创造出来的对象一样。因此,感觉在自己的实践中直接成为理论家。感觉为了物而同物发生关系,但物本身是对自身和对人的一种对象性的、人的关系,反过来也是这样。当物按人的方式同人发生关系时,我才能在实践上按人的方式同物发生关系。因此,需要和享受失去了自己的利己主义性质,而自然界失去了自己的纯粹的有用性,因为效用成了人的效用。

同样,别人的感觉和精神也为我自己所占有。因此,除了这些直接的器官以外,还以社会的形式形成社会的器官。例如,同他人直接交往的活动等等,成为我的生命表现的器官和对人的生命的一种占有方式。

不言而喻,人的眼睛与野性的、非人的眼睛得到的享受不同,人的耳朵与野性的耳朵得到的享受不同,如此等等。

我们知道,只有当对象对人来说成为人的对象或者说成为对象性的人的时候,人才不致在自己的对象中丧失自身。只有当对象对人来说成为社会的对象,人本身对自己来说成为社会的存在物，而社会在这个对象中对人来说成为本质的时候，这种情况才是可能的。

因此，一方面，随着对象性的现实在社会中对人来说到处成为人的本质力量的现实，成为人的现实，因而成为人自己的本质力量的现实，一切对象对他来说也就成为他自身的对象化，成为确证和实现他的个性的对象，成为他的对象，这就是说，对象成为他自身。对象如何对他来说成为他的对象，这取决于对象的性质以及与之相适应的本质力量的性质；因为正是这种关系的规定性形成一种特殊的、现实的肯定方式。眼睛对对象的感觉不同于耳朵，眼睛的对象是不同于耳朵的对象的。每一种本质力量的独特性，恰好就是这种本质力量的独特的本质，因而也是它的对象化的独特方式，是它的对象性的、现实的、活生生的存在的独特方式。因此，人不仅通过思维，而且以全部感觉在对象世界中肯定自己。

另一方面，即从主体方面来看：只有音乐才激起人的音乐感；对于没有音乐感的耳朵来说，最美的音乐也毫无意义，不是对象，因为我的对象只能是我的一种本质力量的确证，就是说，它只能像我的本质力量作为一种主体能力自为地存在着那样才对我而存在，因为任何一个对象对我的意义（它只是对那个与它相适应的感觉来说才有意义）恰好都以我的感觉所及的程度为限。因此，社会的人的感觉不同于非社会的人的感觉。只是由于人的本质客观地展开的丰富性、主体的、人的感性的丰富性，如有音乐感的耳朵、能感受形式美的眼睛。总之，那些能成为人的享受的感觉，即确证自己是人的本质力量的感觉，才一部分发展起来，一部分产生出来。因为，不仅五官感觉，而且连所谓精神感觉、实践感觉（意志、爱等等），一句话，人的感觉、感觉的人性，都是由于它的对象的存在，由于人化的自然界，才产生出来的。

五官感觉的形成是迄今为止全部世界历史的产物。囿于粗陋的实际需要的感觉，也只具有有限的意义。对于一个忍饥挨饿的人来说并不存在人的食物形式，而只有作为食物的抽象存在；食物同样也可能具有最粗糙的形式，而且不能说，这种进食活动与动物的进食活动有什么不同。忧心忡忡的、贫穷的人对最美丽的景色都没有什么感觉；经营矿物的商人只看到矿物的商业价值，而看不到矿物的美和独特性；他没有矿物学的感觉。因此，一方面为了使人的感觉成为人的，另一方面为了创造同人的本质和自然界的本质的全部丰富性相适应的人的感觉，无论从理论方面还是从实践方面来说，人的本质的对象化都是必要的。

选自《1844年经济学哲学手稿》，《马克思恩格斯文集》第1卷，人民出版社2009年版

劳动和科学中的审美因素

【苏】尼·阿·德米特里耶娃

【阅读提示】

尼·阿·德米特里耶娃，美学家。《审美教育问题》酝酿、写作时间在二十世纪五十年代前半期。作者遵循马克思关于“劳动是按照美的规律的创造”这一著名原理，通俗阐述了劳动和科学中的审美因素、审美水平和道德修养的关系，提出人都应该成为“生活的艺术家”，在自己的领域里“按照美的规律来创造”。

1

人，不仅在艺术活动领域内才艺术地把握现实。这种做法，在一切创造性活动中，都不同程度地在不同形式中存在着。艺术，不过是把对现实的审美态度的所有特点都集中于一身罢了。也就是说，对现实的种种审美态度的特点，以自己特有的方法和目的结晶在艺术中，并形成为一种特定的意识形态。正是在艺术中，最充分和最完整地表现了人的审美能力。因此，研究艺术的各种规律，乃是理解较广义的美感规律的钥匙。但是，美学不能忽视这样一个事实，即艺术感受和艺术创作的因素，一直贯串在人的劳动中，从劳动的起源开始就是如此。“人，按其本性来说，就是艺术家。他无论如何处处力求给自己的生活带来美。”高尔基的这几句名言，有助于我们了解人的美感发展的全部重要性，懂得人不仅当他直接创造艺术作品，把自己献身于诗歌、绘画或音乐时才是艺术家。

……

上面提到高尔基的思想，与马克思关于劳动是按照美的规律的创造这一著名原理完全一致。我们要记住这一原理，因为，它是我们所关心的问题的主要理论基础。

“诚然，动物也进行生产。它也为自己构筑巢穴或居所，如蜜蜂、海狸、蚂蚁等所做的那样。但动物只生产它自己或它的幼仔所直接需要的东西；动物的生产是片面的，而人的生产则是全面的；动物只是在直接的肉体需要的支配下生产，而人则甚至摆脱肉体的需要进行生产，并且只有在他摆脱这种需要时才真正地进行生产；动物只生产自己本身，而人则生产整个自然界；动物的产品直接同它的肉体相联系，而人则自由地与自己的产品相对立。动物只是按照它所属的那个物种的尺度和需要来创造，而人则懂得按照任何物种的尺度来进行生产，并且随时随地都能用内在固有的尺度来衡量对象；所以，人也是按照美的规律来创造物品的。”①

如果我们对马克思的这一含意丰富的论断加以深思的话，我们就能从中得出下面的结论：

在人类生产活动的最一般的根本原则和特点中，就已存在着审美的因素。这种审美的因素就在于：人，“多才多艺地”创造着，也就是说，并非单纯在繁殖后代的本能需要直接支配下进行创造，而是在创造时能考虑到存在于自然界之中的普遍联系、关系和依存性。

……

历史和考古知识告诉我们，在旧石器时代人类历史发展的某一个时期，除了生产纯粹功利性的劳动工具之外，还开始制作各种图案、装饰品等等——即没有直接功利意义的东西。

这是人类历史上很早的阶段，但是此前几十万年，洞穴人已经开始制作原始的生产工具了。原始人的劳动是那样缺乏成效，以至于付出很大的努力才能从自然界争取到一点点仅足糊口的食物，虽然如此，他们还是花费了额外的力量，去制作一些在严酷的生存斗争中，并不带来直接利益的东西。

……

在几十万年的过程中，人，渐渐地、在开始时很缓慢地了解到自然的某些规律，并且学会利用它们为自己的需要服务；也就是在这个过程中并且由于这个过程，发展了自己的美感。

---

① 马克思《1844年经济学—哲学手稿》第50—51页，人民出版社，1979年版。

人改善自己的劳动工具，当然，目的不是为了好看些，而是为了能够省力，进行更复杂的劳动生产。然而，也就在这种情况下，工具的审美性质也得到了发展。最早的工具是无定形的——不对称，稍稍予以砍平些，与自然界存在的普通碎石片区别不大。这些工具被用来挖掘或割切等等。以后，渐渐地工具才分别按其性能来专门使用了——出现了刮刀、石刀、石针、石斧子。人在自己的经济活动中开始有了系统和秩序。人越来越不满足于取得自然界现成的东西，从而开始越来越多地从事生产、创造——也就是改造自然，使自然界的产物适应自己日趋复杂的需要。这样就产生了各种专门的工具。它们本身的用途、内容变得更有创造性了，因此，形式也就变成有意识，有目的，从而也更精致了。

这些工具是磨得对称的，比例均衡适度。在工具趋于完善的千万年过程中，人们无疑地已意识到了与减轻劳动和提高劳动生产率相伴随的对称、节奏、一定的比例的重要意义。终于到了这样的时刻，人第一次在自己做好了的工具或器皿、衣服上刻上平行的花纹、同心圆以及其他样式的对称花纹。显然，这些花纹并无直接的实践意义。工具一点也不会因此而变得更锋利些、更方便些。但是创造这种图案花纹是有重大意义的。在这里，人似乎在形成自己关于对称和节奏的概念，并且懂得它们作为事物的有益因素而予以重视。他们已经能够在自己所作的花纹中把这些因素加以抽象化。也许人们在这样做的时候，认为花纹有魔法的力量，但问题不在这里。因为图案的偶像化，正如对自然力量的崇拜一样，其所以能够产生，是因为人模糊地猜测到，他们在自然中观察到的、表现在他们本身的劳动中的，并且最后被他们表现在造型规则中的协调的、整齐的相互关系，有着迫切的重要意义。本身“无用”的花纹，乃是极其多种多样的物体和活动中许多有益因素的概括表现。

这样，美的东西可能和功利的东西不相符合，但是，审美评价却有意或无意地以事物的共同属性为基础，这些属性保证了生机和生命力的发挥，同时也引起了反作用的过程。人由于学会了感觉美、重视美和认识美，所以就扩大了自己的认识范围和创造、建设的可能性。在人看来，世界渐渐地不再是杂乱无章的了，其中显露出整齐的、协调的轮廓。人捉摸着事物的互相联系，并且在它们的外部协调的结构背后，寻找着与之相符合的内部规律性，这种规律性，暂时因缺乏科学分析而尚未被揭示出来。

2

艺术理论家们常常强调科学和艺术在方法上的特殊区别，这些区别是相当明显的。也有不少谈论到在艺术中、在艺术家的活动中，带有科学的理性认识成分。可是，通常总是完全避开了关于科学中有艺术认识的因素问题，以及在科学工作中有审美因素的问题。其实，科学的认识和艺术的认识之间，有着许多衔接点。它们无论从历史上看还是从方法论上看都是联系着的。

……

幻想、创造发明的天才、猜测的才能！没有这些要素，科学创造就会陷于瘫痪，而我们，也应该把它们与艺术创作的特性联系起来。幻想——这是基于所见与所知对未知事物进行猜测的一种能力。列宁曾经说过，幻想，不仅在诗里，而且甚至在数学这样一种似乎是最"枯燥"和最精密的科学中，也是需要的。这种能力帮助科学家"即使在不摸底的情况下……仍然向未知的海洋探索，达到现实的坚实的彼岸，而且只要抓住了好好察看过的岸礅，就可以看到整个可视的世界"(门捷列夫，俄国，化学元素周期的创造者)。多少伟大的科学家——新岸的初次发现者们——最初总是要受到那些"冷静"、然而在想象力上差得多的同行们嘲笑的，嘲笑他们的"幻想"！

……

人们并不常常记得，赫尔岑既是一个语言艺术家，又是杰出的哲学家，鲍罗亭是作曲家和化学家，索菲亚·科瓦列夫斯卡娅是数学家和作家，契诃夫是一位伟大的作家兼天才的医生；阿波林纳·瓦斯涅佐夫是一个艺术家、考古学家兼天文学家。最后还有，人们往往忘记了，马克思和恩格斯都是诗人。保尔·拉法格在回忆录中写到过："马克思有着无比的诗的想象力。"在古代和中世纪，有许多杰出的活动家，既是科学家又是艺术家……所有这些，也都再一次证明了，不能把人类的能力理解为两个彼此排斥的系统：科学的和艺术的。创造性的潜在能力，是把科学的能力和艺术的能力一起包括在内的，是统一的，同时，科学分析的因素和艺术的因素，不仅可以似乎平行地和平共处，而且它们还可以互相补充。

在科学创造中，艺术因素不仅在某一活动家同时从事艺术的时候起作用，如上面提到的那些情况，而且，即使在他专门从事科学的情况下，也同样起作用。如果说，罗蒙诺索夫既是一个伟大的科学家，同时又是诗人，并且在俄国造型艺术方面(艺术镶嵌画)也作出了巨大贡献的话，那么俄罗斯另一位天才科学家门捷列夫，虽然很喜欢艺术，本人却并不从事艺术创作。可是，尽管如此，在他的著作中，在他的科学研究中，却存在着深刻的审美意义，而他所走过的道路，在很大程度上是一个善于艺术地思维的科学家所走的道路。

他自己最好地说明了他所运用的方法："单纯地收集事实，即使收集的很广泛；单纯地积累事实，即使不偏不倚……还不能算是掌握了科学的方法，并且它们也不能保证进一步的成功。甚至还无权称为严格意义的科学。科学的大厦，不仅要求材料，而且需要蓝图，需要配置得宜，科学的大厦要靠劳动来建立，这种劳动，不论在准备材料或砌造的时候，在设计蓝图的时候，在把各个局部协调地配合起来的时候，在指出获得最有用的材料的途径的时候，都是必要的……认识、理解和掌握一座科学大厦与它的尚未修建起来的部分之间的协调关系——意味着得到一种只有高度的美和真才能给予的享受……"

正是这种对协调、诗意的感觉，成为门捷列夫劳动中的推动力。大家都知道，他所发明的周期系统表现了按原子量顺序排列的化学元素的自然连贯性，在这一系统中，各种元素的属性周而复始，因为一族元素形成一个完整的周期，它与前一族类似的元素的差别，仅仅在于这些属性表现的程度上。假如我们用各种颜色来表示各种原子的特性，使颜色的深度相应地合乎它们表现的强度，那末，门捷列夫的周期表会给我们提供出一幅色彩绚丽而又协调的图案，而在门捷列夫以前的科学家对于元素及其属性的概念，看起来就会像是一幅毫无层次的、紊乱的涂鸦。这就实实在在地揭示了自然界的有节奏的、规律性的结构，这种结构，人类在远古时代还没有掌握科学方法的时候起，就已经凭借自己的美感揣摩到了，并且早已不自觉地、诗意地表现在原始的美术创作中了。

……

那么，一般的认识和审美认识(就其广义而言)之间的分界线到底又在哪里呢？辩证唯物主义地认识世界的规律性，认识整个世界万物的相互关系，和审美地认识这种统一性和相互联系，这两者之间的区别又在什么地方呢？

显然，主要的区别就在于：虽然审美认识也是一种理智的认识，但这种认识永远是通过感情上的向往，通过情绪来完成的，这种情绪以不可抗拒的支配力量抓住人的整个心灵，并且它发生在顺序地展开的逻辑思维之前，往往预定着思维和意志的方向（即也决定道德行为）。常有这样的情况：正是深刻的美感形象，影响了一个人往后的生活道路，而这种美感印象，可能还是他在很早的青年时代或童年时代所获得的：不管他走的是工人的道路、科学家或艺术家的道路，美感的指针将潜移默化地引导他展开活动的趋向。

选自《审美教育问题》，冯湘一译，知识出版社 1983 年版

手艺是实用活动和艺术活动的统一

【苏】П. И. 诺维科娃

【阅读提示】

П. И. 诺维科娃，美学家。《劳动美学》原名《艺术与劳动》，是作者二十世纪七十年代在苏联莫斯科大学哲学系讲课教材。作者运用马克思主义美学观，对劳动美学在美学体系中的地位和作用，劳动和物质生产中审美活动的规律，现代审美活动的新形式及其功能，做了简要而深刻的阐述。

因此，手艺包含着艺术活动中必不可少的方面，它同实用活动有机地联系着。这两种活动相互制约。实用活动是艺术活动的基础和基本内容，是大量新形式和新手段的储备基地。艺术活动则是实用活动的动因和促进因素，是借助表现手段掌握它的方法，是培养技巧和完美性的学校。在语源学上保留着实用活动和艺术活动在手艺中的这一有机的统一性。希腊语 яехНе 这个词既用来表示手艺，也同样用来表示优美的造型艺术，这个词具有技巧、精巧(和人造)、完美的意思。拉丁语 ars(艺术)这个词同样也是如此。源于拉丁语的欧洲诸语中艺术和手艺这两个概念是分开的，但保留一个共同的词根，如法语的 art(艺术)和 artisan(手艺人)。现代俄语中也有同样的情形：如：HCKyCCTBO(艺术)和 кусТарHHHecTBO(手工业)。

许多研究人员把手工制品的高度完美、功能的实用和合理、艺术表达力的普遍价值，同实用活动和艺术活动在手艺中的统一性联系起来……

手艺中实用活动和艺术活动的统一性决定了手工产品的高度审美价值，这种统一性有着深厚的基础。

首先，手艺中实用活动和艺术活动有统一的工艺基础——手工劳动。手工艺人使用的技术是极初步的。从本质上说，这种技术是手控能力的完善和加强。它由工人采用和掌握，技巧和技能决定他们所干的工作成功与否。而且手工艺人使用同样的简单工具进行工艺上必要的操作，制造有艺术表现力的产品。B.沃罗诺夫说，刀具和织针是农民艺术的主要工具，但是同样的刀具和织针也是农民手工生产的主要工具。生产工具的原始性限制了生产的规模和产品的类型。但也正是这种原始性促进了人手的操作能力的发展和直观动作思维的发展，这一切归根结底决定了技术的进步和人本身的创造才能的发展。

现代心理学提出了直观动作思维作为思维活动的一个层次。最古老的手艺之一的编织可以作为这类活动的一个范例。编织的产生可以追溯到旧石器时代早期。最初，这项活动在那些从事采集作物的部落中推广。获取生活资料的方法本身产生制造各种容器和包装物的需要。原始人借助唾手可得的材料来解决这一需要：采用最结实和有韧性的植物茎和根。原始人由于受到贫困生活和这一想法的驱使，于是从考虑材料的本质出发，借助初步的编织方法，利用最简单的设备（某种类似锥子的东西）当作技术，或者甚至没有这样的设备，竟然取得了很大的效果。特别简单的技术是与操作的高超技艺相结合的，结果这就在编织结构上和制品形式和用途上造出许许多多不同类型的产品。编织工艺产生了艺术活动：改变经纬线的交替方法，结合重复的有节奏的操作方法，一幅图案便立即从手底下出现。这引起了幻想，追求各种花样的交替翻新，追求工作中的协调。由编织产生了图案，这是纯艺术活动的第一个要素。艺术活动又作为产品完美的证明和培养技巧的手段。艺术活动超出实用需要的范围的同时促使技术进步。由编织业产生了一系列新的手工业：织布业、制陶业等等，——这并非偶然。

……

手艺中多次重复的合理动作，在人的意识中造成合理的形式突出出来成为有价值的形式。如果形式在与自己的物性内容相分离，那么该形式就失去具体的实用的合理性及其规定性，虽然还保留合理的形式，并且在这一基础上保留一定的用途。如果把这一形式用到另一物品上，则使此物品有这个次要的用途，有时是起着决定该物品价值的作用。这就是古代图案的来源之一。当图案摆脱同工艺和实用功能硬性联系之后，它就按审美活动的规律发展，包含在意识主导形式的复杂体系（神话）之内。意识的最初动因具有次要的、象征性的含义（波浪线是水，十字相交的圆是太阳和生命的象征)。高超的技巧和形式中流露的隐蔽含义,这两种趋势的复杂交织,使图案或者有图案的制品具有审美价值,这种审美价值不仅激发创作者的创造性想象力,而且使消费者也产生创造性想象力。

工匠通过合理的形式使眼睛和手受到训练,因而习惯于把特征本身看作合理的形式(回纹、一朵棉花、一片棕叶)。工艺的图案还加上植物和动物的图样,但是这些最初也被认为具有工艺特点(希腊陶器的几何形式样)。随着技巧的完善,艺术家取得了表现自己意图并使工艺手段和象征意义服从自己意图的自由。图案成了制作图案者的技巧、创作想象力和积极的标志。

劳动激起的想象力和创造性才能的发展都超过真实的或虚假的(巫术)适用性的范围,开始作为创造性活动的动因和精神刺激而起着独立的作用。B.沃罗诺夫就此指出:"农民生活中日常用品的制作不仅由实用方面的创造意志来决定,而且是生产者艺术气质的经常的和本能的作用下出现的。"在手工结构中,艺术活动作为有意识的动因和专门性的操作,虽然独立出来了,但它并没有同实用活动分开,而是在生产过程的各个阶段补充实用活动并使之具有很高的品格,也就是说,所有与制作适合于使用或利用的完整产品有联系的动作——意图、挑选合适的材料、材料的加工、必要的工艺操作、在艺术上作出决定——通常是同一个工匠来进行的。

选自《劳动美学》,左少兴、王荣宅译,北京大学出版社1988年3月版

道、舞、空白：中国艺术意境结构的特点

宗白华

【阅读提示】

宗白华(1897—1986)，美学家。宗白华的基本立场是探寻使人生的生活成为艺术品似的创造。他认为，艺术问题首先是人生问题，艺术是一种人生观，"艺术式的人生"才是有价值、有意义的人生。宗白华用宇宙、人生、艺术、美、心灵、节奏、旋律等语词，既解释了中国艺术的至境，也显现出自己的人生至境。

庄子是具有艺术天才的哲学家，对于艺术境界的阐发最为精妙。在他是"道"，这形而上原理，和"艺"，能够体合无间。"道"的生命进乎技，"技"的表现启示着"道"。在《养生主》里他有一段精彩的描写：

> 庖丁为文惠君解牛，手之所触，肩之所倚，足之所履，膝之所踦，砉然向然，奏刀騞然，莫不中音。合于《桑林》之舞，乃中《经首》之会。文惠君曰："嘻，善哉！技盖至此乎?"庖丁释刀对曰："臣之所好者道也，进乎技矣。始臣之解牛之时，所见无非牛者。三年之后，未尝见全牛也。方今之时，臣以神遇而不以目视，官知止而神欲行。依乎天理，批大郤，导大窾，因其固然。技经肯綮之未尝，而况大軱乎！良庖岁更刀，割也；族庖月更刀，折也。今臣之刀十九年矣，所解数千牛矣，而刀刃若新发于硎。彼节者有间，而刀刃者无厚；以无厚入有间，恢恢乎其于游刃必有余地矣，是以十九年而刀刃若新发于硎。虽然，每至于族，吾见其难为，怵然为戒，视为止，行为迟。动刀甚微，謋然已解，如土委地。提刀而立，为之四顾，为之踌躇满志，善刀而藏之。"文惠君曰："善哉，吾闻庖丁之言，得养生焉。"

“道”的生命和“艺”的生命，游刃于虚，莫不中音，合于《桑林》之舞，乃中《经首》之会。音乐的节奏是它们的本体。所以儒家哲学也说：“大乐与天地同和，大礼与天地同节。”《易》云：“天地烟缊，万物化醇。”这生生的节奏是中国艺术境界的最后源泉。石涛题画云：“天地氤氲秀结，四时朝暮垂垂，透过鸿蒙之理，堪留百代之奇。”艺术家要在作品里把握到天地境界！德国诗人诺瓦理斯（Novalis）说：“混沌的眼，透过秩序的网幕，闪闪地发光。”石涛也说：“在于墨海中立定精神，笔锋下决出生活，尺幅上换去毛骨，混沌里放出光明。”艺术要刊落一切表皮，呈显物的晶莹真境。

艺术家经过“写实”“传神”到“妙悟”境内，由于妙悟，他们“透过鸿蒙之理，堪留百代之奇”。这个使命是够伟大的！

那么艺术意境之表现于作品，就是要透过秩序的网幕，使鸿蒙之理闪闪发光。这秩序的网幕是由各个艺术家的意匠组织线、点、光、色、形体、声音或文字成为有机谐和的艺术形式，以表出意境。

因为这意境是艺术家的独创，是从他最深的“心源”和“造化”接触时突然的领悟和震动中诞生的，它不是一味客观的描绘，像一照相机的摄影。所以艺术家要能拿特创的“秩序的网幕”来把住那真理的闪光。音乐和建筑的秩序结构，尤能直接地启示宇宙真体的内部和谐与节奏，所以一切艺术趋向音乐的状态、建筑的意匠。

然而，尤其是“舞”，这最高度的韵律、节奏、秩序、理性，同时是最高度的生命、旋动、力、热情，它不仅是一切艺术表现的究竟状态，是宇宙创化过程的象征。艺术家在这时失落自己于造化的核心，沉冥入神，“穷元妙于意表，合神变乎天机”（唐·张彦远），“是有真宰，与之浮沉”（司空图），从深不可测的玄冥的体验中升化而出，行神如空，行气如虹。在这时，只有“舞”这最紧密的律法和最热烈的旋动，能使这深不可测的玄冥的境界具象化、肉身化。

在这舞中，严谨如建筑的秩序流动而为音乐，浩荡奔驰的生命收敛而为韵律。艺术表演着宇宙的创化。所以唐代大书家张旭见公孙大娘剑器舞而悟笔法，大画家吴道子请裴将军舞剑以助壮气说：“庶因猛厉以通幽冥！”郭若虚的《图画见闻志》上说：

唐开元中，将军裴旻居丧，诣吴道子，请于东都天宫寺画神鬼数壁，以资冥助。道子答曰：“吾画笔久废，若将军有意，为吾缠结，舞剑一曲，庶因猛厉，以通幽冥!”旻于是脱去缞服,若常时装束,走马如飞,左旋右转,掷剑入云,高数十丈,若电光下射。旻引手执鞘承之,剑透室而入。观者数千人,无不惊栗。道子于是援毫图壁,飒然风起,为天下之壮观。道子平生绘事,得意无出于此。

诗人杜甫形容诗的最高境界说:“精微穿溟涬,飞动摧霹雳。”前句是写沉冥中的探索,透进造化的精微的机缄,后句是指着大气盘旋的创造,具象而成飞舞。深沉的静照是飞动的活力的源泉。反过来说,也只有活跃的具体的生命舞姿、音乐的韵律、艺术的形象,才能使静照中的“道”具象化、肉身化。德国诗人侯德林(Hoerdelin)有两句诗含义极深:

谁沉冥到
那无边际的“深”,
将热爱着
这最生动的“生”。

他这话使我们突然省悟中国哲学境界和艺术境界的特点。中国哲学是就“生命本身”体悟“道”的节奏。“道”具象于生活、礼乐制度。“道”尤表象于“艺”。灿烂的“艺”赋予“道”以形象和生命,“道”给予“艺”以深度和灵魂。庄子《天地》篇有一段寓言说明只有艺“象罔”才能获得道真“玄珠”:

黄帝游乎赤水之北,登乎昆仑之丘而南望,还归,遗其玄珠(司马彪云:玄珠,道真也)。使知(理智)索之而不得。使离朱(色也,视觉也)索之而不得。使吃诟(言辩也)索之而不得也。乃使象罔,象罔得之。黄帝曰:“异哉!象罔乃可以得之乎?”

吕惠卿注释得好:“象则非无,罔则非有,不皦不昧,玄珠之所以得也。”非无非有,不皦不昧,这正是艺术形相的象征作用。“象”是境相,“罔”是虚幻,艺术家创造虚幻的境相以象征宇宙人生的真际。真理闪耀于艺术形相里,玄珠的烁于象罔里。歌德曾说:“真理和神性一样,是永不肯让我们直接识知的。我们只能在反光、譬喻、象征里面观照它。”又说：“在璀璨的反光里面我们把握到生命。”生命在他就是宇宙真际。他在《浮士德》里面的诗句：“一切消逝者，只是一象征”，更说明“道”“真的生命”是寓在一切变灭的形相里。

英国诗人勃莱克的一首诗说得好：

一花一世界，
一沙一天国，
君掌盛无边，
刹那含永劫。

这诗和中国宋僧道灿的重阳诗句(田汉译)“天地一东篱，万古一重九”，都能喻无尽于有限，一切生灭者象征着永恒。

人类这种最高的精神活动，艺术境界与哲理境界，是诞生于一个最充沛的深心的自我。这充沛的自我，真力弥满，万象在旁，掉臂游行，超脱自在，需要空间，供他活动。于是“舞”是它最直接、最具体的自然流露。“舞”是中国一切艺术境界的典型。中国的书法、画法都趋向飞舞。庄严的建筑也有飞檐表现着舞姿。杜甫《观公孙大娘弟子舞剑器行》首段云：

昔有佳人公孙氏，
一舞剑器动四方，
观者如山色沮丧，
天地为之久低昂……

天地是舞，是诗(诗者天地之心)，是音乐(大乐与天地同和)。中国绘画境界的特点建筑在这上面。画家解衣盘礴，面对着一张空白的纸(表象着舞的空间)，用飞舞的草情篆意谱出宇宙万形里的音乐和诗境。照相机所摄万物形体的底层在纸上是构成一片黑影。物体轮廓线内的纹理形象模糊不清。山上草树崖石不能生动地表出它们的脉络姿态。只在大雪之后，崖石轮廓林木枝干才能显出它们各自的奕奕精神性格，恍如铺垫了一层空白纸，使万物以嵯峨突兀的线纹呈露它们的绘画状态。所以中国画家爱写雪景(王维),这里是天开图画。

中国画家面对这幅空白,不肯让物的底层黑影填实了物体的“面”,取消了空白,像西洋油画;所以直接地在这一片虚白上挥毫运墨,用各式皴文表出物的生命节奏。(石涛说:“笔之于皴也,开生面也。”)同时借取书法中的草情篆意或隶体表达自己心中的韵律,所绘出的是心灵所直接领悟的物态天趣,造化和心灵的凝合。自由潇洒的笔墨,凭线纹的节奏,色彩的韵律,开径自行,养空而游,蹈光揖影,抟虚成实。

庄子说:“虚室生白。”又说:“唯道集虚。”中国诗词文章都着重这空中点染,抟虚成实的表现方法,使诗境、词境里面有空间,有荡漾,和中国画面具同样的意境结构。

中国特有的艺术——书法,尤能传达这空灵动荡的意境。唐张怀瓘在他的《书议》里形容王羲之的用笔说:“一点一画,意态纵横,偃亚中间,绰有余裕。然字俊秀,类于生动,幽若深远,焕若神明,以不测为量者,书之妙也。”在这里,我们见到书法的妙境通于绘画,虚空中传出动荡,神明里透出幽深,超以象外,得其环中,是中国艺术的一切造境。

王船山在《诗绎》里说:“论画者曰,咫尺有万里之势,一势字宜着眼。若不论势,则缩万里于咫尺,直是《广舆记》前一天下图耳。五言绝句以此为落想时第一义。唯盛唐人能得其妙。如‘君家住何处,妾住在横塘,停船暂借问,或恐是同乡’,墨气所射,四表无穷,无字处皆其意也!”高日甫论画歌曰:“即其笔墨所未到,亦有灵气空中行。”笪重光说:“虚实相生,无画处皆成妙境。”三人的话都是注意到艺术境界里的虚空要素。中国的诗词、绘画、书法里,表现着同样的意境结构,代表着中国人的宇宙意识。盛唐王、孟派的诗固多空花水月的禅境;北宋人词空中荡漾,绵渺无际;就是南宋词人姜白石的“二十四桥仍在,波心荡,冷月无声”,周草窗的“看画船尽入西泠,闲却半湖春色”,也能以空虚衬托实景,墨气所射,四表无穷。但就它渲染的境象说,还是不及唐人绝句能“无字处皆其意”,更为高绝。中国人对“道”的体验,是“于空寂处见流行,于流行处见空寂”,唯道集虚,体用不二,这构成中国人的生命情调和艺术意境的实相。

选自《美学与意境·中国艺术意境之诞生》,人民出版社 1987 年版

教育中的立美方法

赵宋光

【阅读提示】

赵宋光(1931—)，教育家。提出在教育活动中建立美的形式，让受教育者在美的形式的建立过程中，实现按照美的规律来塑造自己的宏伟使命。开展数学教学实验，主张“操作领先，言语镶嵌”，以动手来带动全身肢体驾驭学具的活动，以动口表达来运用语言带动思维的活动。认为这种主体活动的合规律形式，具有化客观规律性为主观能动性，同时也具有促进受教育者理性行为发育的力量，即“立美育人”。

育人始于立美。因为教育的使命在于培育能自由运用规律以造福社会的人，所以先要为受教育者的行动言语建立合规律的形式，在这基点上，任何知识的传授都要随时启发出对所认识规律的自由运用。这就是立美教育的基本方法。

有许多规范是教育工作者十分熟悉的。例如，健身操要姿势准确、节奏规整；听讲课要挺胸背手，想发言要举手；说话要说完整的语句，不许颠三倒四，杜绝口吃和废词儿(“那个那个”之类)；会问好、道别、致谢、道歉；禁止骂人、打架、撒谎、造谣；教室楼道校园要保持整齐清洁；书法要讲究，作业要准确整洁……以及学生守则中的各种要求。现在可以提高到美育理论上来认识，建立这些规范，就是为实践主体的目的性活动建立起运用规律的形式，就是使受教育者能动活动的形式具有合乎“真”的内容而成为“社会美”。

有许多教学方法被称为“学以致用”而经常为有经验的教师所采取。例如，在识字教学中，学了某个基本字形(例如“每”)以后，随即要求用这个字形来组成许多新字(例如梅霉莓酶海悔诲晦敏繁侮)。语文教学中的造句练习也属于这一类，复合句的句式练习对运用语言能力的发展更有重要促进作用。又如在常识教学中，讲过热胀冷缩以后要求回答，造火车头的大轮子时，怎么才能把铁箍套到轮盘上去。人们通常只是从教学法的角度来总结，认为这样才“记得牢”，而没有解释“记得牢”的原因在于，把客观的知识按其固有规律组织在主体的目的性活动之中。现在可以提高到美育理论上来认识。进行这些练习，就是为现实对象的规律性存在建立起合乎目的的形式，就是使所传授的知识系统具有合乎“善”的内容而成为“美的对象”。

立美教育方法的自觉运用可以使这方法扩展和深化，大大加速学生智能（观察力、理解力、想象力等）和求知欲的成长，所收到的成效会是难以想象、难以置信的。

下面以数学教学为例来说明立美教育（伴有一部分审美教育）方法的系统化运用。为什么着重讲数学教学？不仅因为它是科学技术教育的基础、是教育现代化的领先科目，而且更重要的是由于数学的内部结构具有如下两大特点：一、对象状态与主体动作不断互相过渡。在数学中既不能有无动作的对象，也不能有无对象的动作，任何数学概念、公式、定理，都要以主体动作施于客观对象方能建立，因而这领域是真与善相融合的领域，即美的领域。以往数学教学使学生感到抽象，学得被动，进度迟缓，是由于教科书编者和许多教师误解了数学的本性，以为它是独立于人的实践之外的知识，其实，数学知识的本质存在于实践主体对于现实对象的运用之中。数学的本性为立美教育方法提供了最适宜的舞台。二、工具与符号层层传递。最基础的数学概念，都是可以用实物教具来阐明的（不能误解为实物就是这些概念的模型，而应该说，这些概念的客观含义就在对实物的运用之中），概念一旦建立，就可以马上用语词、字形、记号等等符号来表示，以后者为材料，又马上需要建立起运用符号的活动，符号活动的理性形式（例如等式）来自实物活动的内在规律；接着，符号活动又显示出自己的内在规律（例如乘法交换律），要求建立起高一级的概念并用高一级的符号（例如指数对数）来表述……如果说，运用实物的活动是物质生产的缩影，运用符号的活动是精神生产的缩影，那么，在数学中物质生产和精神生产就没有分明的界线，更没有跨不过的鸿沟，只要主体运用工具和符号的能力充分发展，具体对象随时可以抽象化，抽象化的成果也随时可以还回具体。因此，运用数学知识的活动可以形成一种物质、精神生产交融合一的全面中介结构，数学在科学技术中的特殊地位可以由此得到解释。物质性、精神性中介结构的美的形式的全面发展本是立美活动的理想境界，也是立美教育的典范方式。

立美教育要为学生的行为建立合规律的形式，在数学教学中，可从“操作完形”谈起。对于任何一组数量关系，都可以用算术与代数交融的方法建立一个操作完形。以最简单的、加减性质的数量关系为例。

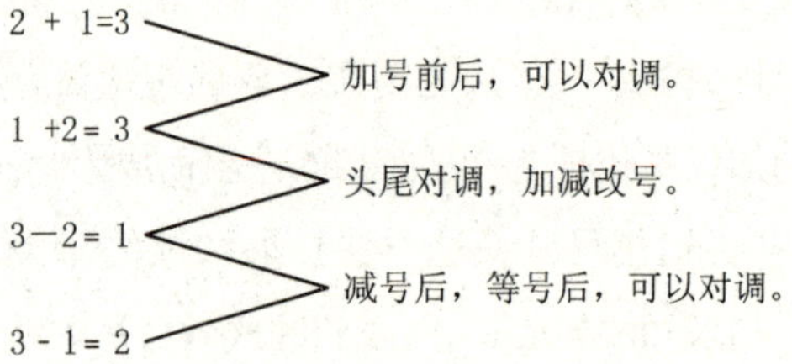

右边这三句“变换式子的口诀”是让学生对左边四个算式进行操作所遵守的形式，这形式便是通过教学建立起来的美的核心部分。

根据什么说这形式是美？人们也许可以从对称性来解释：第二句口诀所表述的操作样式仿佛是有个自旋的对称轴，它能使第二、三两个算式互相转化，也能使第一、四两个算式互相转化，相转化的两式互相对称，即互逆、相反、矛盾；第二句口诀实际上包含两个相反的意思：加变减，减变加，这两个意思也互相对称，所以可说这两句口诀自相对称；第一、三两句口诀所表述的操作样式则又互相对称，后者是前者（加法交换律）在减式中的倒映样式。人们也许从对称性中看到了其所以为美的理由，因为古往今来已有那么多美学著作把美和对称联系在一起，然而实际上，对称何以为美正有待解释，这个解释是人类学的：中介结构能动方面的美，是运用规律的主体活动形式，而规律的运用只要是完整的而不是片面的，就普遍具有对称的形式，自然物的对称形式正是由于同人类活动的合规律形式在这一点上同构同形，才进入了美的领域。并不是说自然界的对称形式在有人类以前就已经是美的存在，人类只是认识了那存在形式固有的美而已；也不是说对称形式的客观存在本无所谓美，只是由于审美主体感到它美，或看到它符合自己心中美的观念，它才成为美；而是说，人类作为实践的主体所进行的活动，只要完整地运用了某种客观规律，便会具有对称的形式，对称便因此成为美的特点之一，而自然界固有的对称只是由于跟实践的合规律形式同构同形才成为美，这同构同形关系是客观存在的，不管主体的感官是否认识了它。一组数量关系可形成四个算式，其间存在互逆性和交换律，这是客观规律，当这客观规律被“理性操作”（摆弄符号而不是摆弄实物的活动）所运用而在“形式推论”（对算式这种判断的形式加以变换）的行为中呈现出合规律的形式（代数推导）时，操作形式必然表现出互相对称、自相对称的特点。这仅仅是一例，在数学和工艺学中有无数实例表明，实践完整地运用客观规律而建立起来的操作形式普遍地具有对称的形式，它们还普遍地具有均衡、秩序、多样统一等形式特点。这可以说是微观人类学的大量发现，这些发现解答了各种自然美的形式何以为美这一美学理论的老问题。面对这些发现，本体论哲学要进一步沉思的倒是另一个问题：善掌握真而体现为美所采取的形式具有对称、均衡、秩序等特性这一人类学本体论的法则，怎么竟会如此酷似植物动物发育（自我建立）长成的形态具有对称、均衡、秩序等特性这一自然本体论的法则呢？

在教学中，这代数性的变换式子操作可以夸张放大成规范性的姿势，可以伴有音节整齐的口诀，每句口诀可以按音乐化的铿锵节奏来朗诵，这些对于增强美的形式的吸引力，提高立美活动的自觉性，巩固立美教育的成果，使刚入学的小学生学得轻松愉快，记得准确牢固，都是颇有作用的，但这些都只是在立美教育过程中附加的审美教育因素，教育过程所建立的美的核心则在于这理性操作形式。三个代数式（理性）操作样式把四个算式所陈述的算术性（感性）操作联结成一个整体，完形之所以为完形也就在这整体所具有的完整性中。一套完整的操作使操作者能够完整地把握数量关系这一对象，能够建立起关于数量关系的辩证概念，能够从代数性普遍规律的高度来把握算术性特殊规律，能够举一反三亦即主动地运用代数规律来组织算术知识。在入学第一周内建立起来的这套理性操作形式就成为往后学习大量加减算式的能动性组织力量，学习新知识就带有很浓的复习意味，脑力负担显著减轻，学习进度大大加快。并且以后只要把加、减两字分别换成乘、除两字，同样的这套操作形式又会成为学习大量乘除算式的能动性组织力量，使每句乘法口诀都拖挂着一组组织在操作完形中的乘除实物操作，因而使小九九智力结构建造成辩证的而非片面的、灵活的而非僵死的、丰满的而非干瘪的、扎实的而非架空的、牢固的而不是容易出错的。总之，操作完形使客观规律转化（二重化）为主观能动性，这是美的力量之所在，而上述立美教育的成果也正显示了美的力量。可以从理论上概括地讲，美，作为主体活动的合规律性形式，总有这样的力量——化客观规律性为主观能动性。

仅仅从教育成果中来看美的力量还是不够的，对立美过程的分析将揭示人类理性行为发育的机制，让我们看到美在人类理性自我建造历程中的地位。上述三句口诀不可灌注给学生，而要由学生自己来发现，这从智育的角度也可以概括为“反对填鸭式的灌注法，提倡启发式的发现法”，但现在我们要转到美育的角度来分析这一教学过程。

过程之初所设置的情景是这样的：把某句口诀的运用所涉及的某两个算式上下并列，另外立五块小牌，每块小牌写有一个数字或符号（写“+”号的背后写有“—”号），组成第一个算式，要求学生把它变成第二个，再变回来。解决这课题所需要的动作是十分简单的（调牌，在学第二句口诀的情况下，接着翻牌），一年级学生都能独立完成任务；但发人深思的是，这样简单的动作，在没有成年人提出课题的条件下，孩子们为什么竟然根本不可能想到要做。原因是，虽然任务的解决所包含的智能程度并不高，但任务的提出却要求相当高的智力水平，它是以对算式采取完全不同的态度为条件的，需要从算式的态度转到代数的态度。

学习算式的小学生说出或读出一个算式时，他从每个数字所想到的是相应的数数动作及被数的个体，算式的正误要根据数数的实际情况来判断，在这种算术态度支配下看数字时，不同的数字只能是不同的质料。变换式子的课题要求进行的是摆弄数字（符号）的活动，而不同数字在算式结构形式中的地位有可能是平等的，可以互相替换的，换言之，这种活动要求暂时舍弃不同数字的质料方面（数数的内心操作），转而注意各数字的形式方面（它们在算式结构形式中的地位），这就是代数的态度。

从算式的（质料的）态度转到代数的（形式的）态度，没有相应水平的实践为条件是根本不可能的，所以儿童在没有这样做过以前决想不到要做这样的事；只有当变换式子的课题一下子把他推到形式推论的崭新行为领域而迫使他在解决课题的动作（调牌，翻牌）中建立起跟算式的崭新关系，才促成了从算式（质料）态度到代数（形式）态度的转变。所以，让学生进行变换式子的操作，就是要求他超越算术而上升到代数，超越质料而上升到形式，超越自己的感性操作（摆弄实物，尽管已经内化为想象中的动作）而上升到理性操作（摆弄符号，尽管最初还是用外部的肢体动作来完成的），总之，就是要求他超越自己原先的感性存在而建立新的理性本质。

这种情况的出现并不局限在学习四则的阶段，为了避免对上述算式与代数关系的误解，必须说明，算式与代数的关系决不等于小学算式与中学代数的关系，实际上在数学的各门分科里都存在着这样两个方面：一方面涉及数量关系、数量计算和数量对应，另一个方面涉及形式变换、形式运算和形式推导，前者与算术相当，是感性的方面，后者与代数相当，是理性的方面。在多项式乘法公式、数列与各种函数的教学中，忽视前一方面的基础作用而片面要求掌握后一方面，是造成教学困难的重要原因。

上文对立美教育方法的分析虽然只举了小学算术第一周的例子,却展示一个普遍性的原则:让学生面对算术性(感性)的材料而进行代数性(理性)的操作,这样,不仅可以让感性材料支持对理性形式的理解,加固对理性形式的记忆,不断充实和丰富理性形式所包含的内容,而且从一开始,那理性操作形式是学生自己完全能够发现的,而不需要作为现成知识从外面灌输。这也就是说,理性形式不是以外来知识的身份加于学生,而是以自我建造的方式由学生主动建立。这一立美教育原则,既坚持教育条件(受教育者发展的外因)的主导作用,又坚持学生自己主动操作活动(受教育者发展的内因)的动力、基础作用。当受教育者不断地在教育者所设置的条件下主动建造自己理性行为的形式(立美)时,他就反复体验到自己超越感性存在而建立理性本质的进展过程,体验到自我超越这一理性发育的动力机制。相反,如果理性形式排挤、取代感性材料而灌入,超越过程就无从发生;或者,如果仅有感性材料的堆积而不提出要求由理性操作来解决的实践课题,超越过程也无法实现。

旧式数学教学,两种情况兼有,小学阶段主要犯后一弊病,中学阶段主要犯前一弊病,而六七十年代的所谓数学教学现代化运动 ,则将前一弊病推向极端。惟有立美的过程才能够实现主体的自我超越,从这里我们看到,美作为人类理性行为赖以建造的形式,是如何在人类自我超越的无限历程中担当着能动架构的角色。

“以美引真”的教学方法就这样形成了。在变换式子时,面对的是算式的材料,眼前没有出现任何代数字母,但主体自己的操作形式却完全是代数水平的,这操作形式(美)自然会引导到代数知识(真)。人们通常认为,抽象的本质是藏在具体的现象背后的,要认识抽象的东西必须透过具体的东西而跃到彼岸,现在我们却看到相反的情况,抽象的、代数水平的操作形式是介入主体与算式对象之间(作为中介)而建立起来的,恰恰是在此岸。在这关系启发下,我们不禁要问;那一直被认为是隐在彼岸的各种抽象知识,是否本来就是在主体活动的此岸产生出来的呢?深邃的抽象性是否恰恰来自操作形式高度超越的抽象性呢?的确,从人类学本体论看,无论使用工具还是使用符号的中介结构,在历史发展中总是表现出双向进展的发育,抽象知识是抽象操作的对象化,彼岸性是此岸性的对象化。事实上,数学发展的漫长历史正是按照“以美引真”的方式进展的,数学教学中的“以美引真”只是它的缩影而已。小学一年级学代数就是靠“以美引真”的方法取得成功的:先要求学生解决变换算式的课题,让他们通过尝试性的实践自己建立起形式化的操作样式,既而要求用语言叙述这操作样式,过渡到形式化的语句(三句口诀)而达到熟虑水平,经过大量以代数操作主动组织算式的练习之后,在等式中开始出现未知数字母,让他们根据早已熟悉的代数操作形式总结出解未知数的规则,构成代数知识。

"以美引真"的方法表现在教学程序上是"形式超前",这一设计思想的主旨在于侧重发展主体的理性操作能力。每当学生能够以直观的想象或简单的形式解某一类型的题之后,总是要求他通过某种精心设计好的形式化途径或较高深形式来重新解这样的题,以此为他开拓出形式化理性操作的领域,这不仅可以加重学生的智力负荷以锻炼其智力,更重要的是让他及早熟悉较高深的形式化运算,以后只要通过他所熟练地掌握了的高深形式,就能顺利地迁移于陌生的情景,消化高深的内容。例如,在一年级的整数除法教学中可以把已经做好的除式改写成质因积约分的形式(但不动用约分概念),以此为分数乘除教学作好准备。

以上侧重讲了在主体操作方面建立理性形式,即能动方面的立美……

从数学教学的立美入手,不仅提供了大幅度刷新自然常识、物理、化学、生物教学的可能性,而且按照"充分取得自由"的立美教育原则,也必然要求及早把自然科学定律的运用作为应用习题放进数学课中来;与此配合,就要求及早开始并持续进行有组织有计划的观察、记录、统计、实验等活动,这些活动形式的建立,当然也是立美教育的内容。要让自由得到充分发挥,必然还要求从科学转到技术,因为正是技术才体现了对自然界规律的大规模自由运用。各种工艺制作(手工艺品、活动玩具、无线电、航模等)和技术设计,应该在小学生和中学生中有指导地常年进行。生产劳动教育本是综合技术教育的具体实践,如果脱离综合技术教育的现代化目标,片面追求经济效益而使工艺结构拘于一隅,甚至对各种异化的劳动样式熟视无睹,那就违背了培养能自由运用自然规律以高效造福社会的现代化生产者这一目标。工艺学的深邃本质在于自由创造,如何从工艺学的广阔领域中选取最有启发价值的典范结构,理出逻辑线索,编成系统教材,向学生展示人类自由创造的本质力量,引导学生通过处理设计课题的练习发展自己潜在的本质力量,是中小学课程建设的当务之急。

选自《美学》第 3 期,上海文艺出版社 1981 年版

人是依照美的尺度来生产的

李泽厚

【阅读提示】

李泽厚(1930—),哲学家。李泽厚汲取马克思“自然向人生成”“自然的人化”伟大思想,在融合康德、马克思及中国思想传统基础上构建人类学历史本体论哲学体系。主张经由康德→席勒→马克思的美育思想路线,即重视感性与理性的统一,从劳动、实践、社会生产出发来谈人的解放和自由的人,在此历史唯物主义基础上,把审美教育看做自然的人上升到自由的人的重要环节。

马克思把德国古典哲学提出的思维与存在同一性问题颠倒过来,作了唯物主义的解答。马克思主义从人的物质实践中来讲思维与存在、精神与物质的相互转化。人的实践利用客观自然规律,把自己的意识和目的变为现实,使思维转化为存在,从而也就使整个自然界打上了自己的印记。列宁说:“人的意识不仅反映客观世界,并且创造客观世界。”人的活动是有意识有目的的,他利用自然规律以实现自己的目的,这种目的常常是有限的,从自然得来的(例如维持生存)。但重要的是,“目的通过手段和客观性相结合”,产生和得到了远远超越有限目的的结果和意义。列宁引黑格尔的话:“手段是比外在的合目的性的有限目的更高的东西……工具保存下来,而直接的享受却是暂时的,并会被遗忘的。人因自己的工具而具有支配外部自然的力量,然而就自己的目的来说,他却是服从自然界的。”列宁对此一再指出是“黑格尔的历史唯物主义的萌芽”。人在为自然生存的目的而奋斗的世代的社会实践中,创造了比这有限目的远为重要的人类文明。人使用工具本是为了维持其服从于自然规律的族类生存,却由于“目的通过手段与客观性相结合”,便留存下了超越这种有限生存和目的的永远不会磨灭的历史成果。这种**成果的外在物质方面**,就是由不同社会生产方式所展示出来的从原始人类的石头工具到现代的大工业的科技文明。这即是工艺——社会的结构方面。这种**成果的内在心理方面,就是内化、凝聚和积淀为智力、意志和审美的形式结构。**这即是文化——心理的结构方面。在不同时代社会中所展现出来的科学和艺术便是它们的物态化形态。个人的生命和人维持其生存的目的是有限的,服从于自然界的,人类历史和社会实践及其成果却超越自然,万古长存。

康德泯灭思维与存在同一性的"灵知世界",黑格尔泯灭这种同一性的"绝对理念",是唯心主义的神秘,它导向信仰主义、目的论、宗教和上帝。马克思主义的思维与存在的同一性,把自然的人化看做是这种同一性的伟大的历史成果,看做是人的本质之所在,是深刻的历史唯物主义和实践论哲学,它指向审美领域。

不是神,不是上帝和宗教,而是实践的人,集体的社会的亿万群众的实践历史,使自然成为人的自然。不仅外在的自然界服务于人的世界,而且作为肉体存在的人本身的自然(从五官感觉到各种需要),也超出动物性的本能而具有了人(即社会)的性质。这意味着,人在**自然存在的基础上,产生了一系列的超生物性的素质**。审美就是这种**超生物的需要和享受**(康德称之为"判断力"),这正如在认识领域内产生了**超生物的肢体**(不断发展的工具)和语言、思维即认识能力(康德称之为"知性"),伦理领域内产生了超生物的道德(康德称之为"理性")一样。这都是人所独有,区别于动物的社会产物和社会特征。人性也就正是这种生物性与超生物性的统一。不同的只是,**认识领域和伦理领域的超生物性质经常表现为感性中的理性,而在审美领域,则表现为积淀的感性。**在认识领域和智力结构中,超生物性表现为感性活动和社会制约内化为理性;在伦理和意志领域,超生物性表现为理性的凝聚和对感性的强制,实际都表现超生物性对感性的优势。在审美中则不然,这里超生物性已完全溶解在感性中。它的范围极为广大,在日常生活的感性经验中都可以存在,它的实质是一种愉快的自由感。所以,吃饭不只是充饥,而成为美食;两性不只是交配,而成为爱情;从旅行游历的需要到各种艺术的需要,感性之中渗透了理性,个性之中具有了历史,自然之中充满了社会;**在感性而不只是感性,在形式(自然)而不只是形式(自然)**,这就是自然的人化作为美的基础的深刻含义,即总体、社会、理性最终落实在个体、自然和感性之上。马克思说:"旧唯物主义的立脚点是市民社会,新唯物主义的立脚点则是人类社会或社会化的人类。"马克思主义的唯物主义不同于旧唯物主义,它的理想是全人类的解放，这个解放不只是某种经济、政治要求，而具有许多更为深刻的重要东西，其中包括要把人从所有异化的状态中解放出来。美正是一切异化的对立物。当席勒把"游戏冲动"作为审美和艺术本质时，可以说已开始了这一预示。人只有在游戏时，才是真正自由的，个体的人只有在自由的创造性的劳动和社会活动中，才是美的。

所以，如果从美学角度看，我以为，并不是如时下许多人所套的公式：康德→黑格尔→马克思，而应该是康德→席勒→马克思。贯串这条线索的是对感性的重视，不脱离感性的性能特征的塑形、陶铸和改造来谈感性与理性的统一。不脱离感性，也就是不脱离现实生活和历史具体的个体。当然，在康德那里，这个感性只是抽象的心理；在席勒，也只是抽象的人，但他提出了人与自然、感性与理性在感性基础上相统一的问题，把审美教育看做由自然的人上升到自由的人的途径。这仍然是唯心主义的乌托邦，因为席勒缺乏真正历史的观点。马克思从劳动、实践、社会生产出发，来谈人的解放和自由的人，把**教育学**建筑在这样一个历史唯物主义的基础之上。这才在根本上指出了解决问题的方向。所以马克思主义的美学不把意识或艺术作为出发点，而从社会实践和"自然的人化"这个哲学问题出发。我曾多次强调，马克思讲"自然的人化"，并不是如许多文章所误认的那样是讲意识或艺术创作或欣赏，而是讲劳动、物质生产即人类的基本社会实践。

……

可见，客观的美和主观的审美意识的根本基础，康德把它们统统归结为神秘的"超感性的基体"的，实际却在于人与自然同一（包括外部自然与内部自然）的胜利。这才是"自然向人生成"，成为人所特有的感性对象和感性意识。它是社会的产物、历史的成果，如果说从原始人的石器到现代的大工业的物质文明标志着人对自然的不断同一的尺度，标志着自然与人的现实的历史关系；那么，美与审美也标志着这一点。不同的是，它呈现在主客体的感性直接形式中，与工业作为人所特有的外部物质形式相映衬。如果说，工业（广义的，下同）、文明（社会时代的，下同）可作为打开了书卷的心理学的尺度；那么，美和审美（艺术）则可作为收卷起来的工业与文明的尺度。美的本质与人的本质就是这样紧密联系着的，人的本质不是自然进化的生物，也不是某种神秘的理性，它是实践的产物。美的本质也如此。

美的本质标志着人类实践对世界的生产。马克思说："动物只按照它所属的物种的尺度和需要来生产，人类则能按照任何物种的尺度来生产并到处适用内在的尺度到对象上去。所以人是按照美的尺度来生产的。”康德、席勒的美学尽管讲人与自然、理性与感性的统一，但是他们不能把这个统一摆在思维与存在的同一性、自然向人生成、自然的人化这样一些根本哲学课题的历史唯物主义的解答之上，从而也就不能正确地说明美的本质。

在现代科学技术迅猛发展，自动化、计算机日益推广，机器不断替代人的各种力量和功能，不但是手的延长而且是脑的延长，不再只是助手而且日益负担起物质生产重要职能的形势和前景下，悲观主义（人被技术所统治和控制）反而长久流行，形形色色的新学说主张用心理分析来替代历史唯物主义，作为进行“革命”的理论，要求从现代工业技术的“理性统治”下解放出来，物质文明和消费生活是迅速发展了，个人的孤独、忧郁、无聊、焦虑、无目的、恐惧……反而增加（现代艺术以丑的形式反射着这种心理情绪），宗教的衰落使人失去精神寄托，科技发达使人们在劳动和生活之间的亲切互助关系似乎愈发疏远……人处于各种形式的异化状态中。人的工作和生活、生产和消费、欲望和享受、需要和意识、情感和思维……都似乎被这个技术时代所异化，为它所支配和控制（前资本主义社会，异化则表现为赤裸裸的政治、宗教形态，人所制造出来的权力和偶像残酷奴役着人自己，无论在现实上或精神上）。于是，卢梭提出的老问题（文明、科学与道德的“二律背反”）又一次以新的形态，为从海德格尔、萨特到马尔库斯所不断提出。人与自然这个老问题也以突出的总体（社会）与个体（自然）的新关系表现了出来。

如上章所谈到，为黑格尔总体主义所淹没的个体意识在现代生活条件下迅猛抬头和发展，个人存在的巨大意义日益突出，个体作为血肉之躯的自然存在物，在特定状态和条件上，突出地感到自己存在的独特性和无可重复性（在死亡面前，感到存在的真正深度），意识到这才是真正的“存在”，从而要求从那种“无人称性”和“中性人”，即失去了个体存在意义的社会总体中挣脱出来，让“存在”不被“占有”所吞噬……，这些存在主义津津乐道的主题，以及为马尔库斯等所强调的“片面的人”（“单维的人”）要求从现代技术——物质的异化力量控制中解脱出来，等等，都是以一种哲学的方式表达了资本主义现代社会中人与自然、社会与个体之间巨大矛盾和分裂。这种矛盾和分裂的根源是特定社会条件下的阶级剥削和统治，而不应归咎于迅猛发展的科学技术和物质文明本身。

布贝尔（Martin Buber）反对我——它关系，强调我——你关系才是人的真实存在。古代中国哲学所强调的“天人合一”和“道在伦常日用之中”，揭示不是由个体——上帝，而是现实世间的人际关系和人与自然的和谐，才是人的真正存在。这当然是产生在古代农业社会小生产基础上的理想。存在主义所突出的个体的真实存在的丧失和追求，则表现了现阶段资本社会高度发展下人际关系的冷漠，人间情味的丧失，个体生活和心理的被同一化，从而追求免除异化、寻求生命的真实价值亦即个体存在的丰富意义。本来，自然的生命存在没有什么独特性和无可重复性，它的独特和无可重复恰恰在于他(她)自觉地意识和选择，其实，这就正是他(她)的历史具体的社会内容和价值。在个体自然中充满了极其丰满的社会性，这才是真正的个性意义之所在。现代哲学以悲观主义形式表述了人与自然、社会与个体必须统一的时代课题。随着整个世界向前迈进，在审美艺术中最先突出表现的个性的独特性、丰富性、多样性，将在整个社会生活的各个方面充分展示和发展起来。而个性和个体潜能的多方面和多样化的发展，正是未来社会的一大特征。

……

人类由必然王国迈进到自由王国，即美的世界。这只有在人们推翻各种本来面目的或改变了形态的剥削压迫之后，在消灭它们在经济的、政治的、技术的、心理的、意识形态等各方面的各种影响、变形和残迹之后，才有可能出现。美本来就是在人类漫长的历史实践中才产生的。整个人类史告诉我们，尽管将经过艰辛、痛苦而长远的奋斗历程，美的世界毕竟是可能争取得到的。

选自《批判哲学的批判：康德述评》(修订第 6 版)，生活·读书·新知三联书店，2009 年版

图书在版编目（CIP）数据

美育：怎么看？怎么办？：美育经典选读 / 杨斌 选编. -- 南京：江苏凤凰教育出版社，2020.4

ISBN 978-7-5499-8622-4

Ⅰ.①美… Ⅱ.①杨… Ⅲ.①美育－研究 Ⅳ.①G40-014

中国版本图书馆CIP数据核字(2020)第066625号

书　　名	美育：怎么看？怎么办？ ——美育经典选读
选　　编	杨　斌
责任编辑	韩宇新
编辑统筹	沈静明
装帧设计	刁　荥
出版发行	江苏凤凰教育出版社（南京市湖南路1号A楼　邮编210009）
苏教网址	http://www.1088.com.cn
照　　排	江苏凤凰制版有限公司
印　　刷	江苏扬中印刷有限公司
厂　　址	江苏省扬中市大全路6号
开　　本	787毫米×1092毫米　1/16
印　　张	10.5
版　　次	2020年5月第1版 2020年5月第1次印刷
书　　号	ISBN 978-7-5499-8622-4
定　　价	35.00元
网店地址	http://jsfhjycbs.tmall.com
公 众 号	苏教服务（微信号：jsfhjyfw）
邮购电话	025-85406265，025-85400774，短信02585420909
盗版举报	025-83658579